全民阅读体育知识读本

铅球、铁饼——投掷的游戏

盛文林/著

台海出版社

图书在版编目（CIP）数据

铅球、铁饼：投掷的游戏／盛文林著. －－北京：台海出版社，2014.7

（全民阅读体育知识读本）

ISBN 978－7－5168－0414－8

Ⅰ.①铅… Ⅱ.①盛… Ⅲ.①铅球投掷－基本知识②铁饼投掷－基本知识 Ⅳ.①G824

中国版本图书馆 CIP 数据核字(2014)第 174948 号

铅球、铁饼：投掷的游戏

著　　者：盛文林

责任编辑：俞滟荣　　装帧设计：视界创意

版式设计：林　兰　　责任印制：蔡　旭

出版发行：台海出版社

地　　址：北京市朝阳区劲松南路 1 号　　邮政编码：100021

电　　话：010－64041652(发行，邮购)

传　　真：010－84045799(总编室)

网　　址：www.taimeng.org.cn/thcbs/default.htm

E－mail：thcbs@126.com

经　　销：全国各地新华书店

印　　刷：北京一鑫印务有限公司

本书如有破损、缺页、装订错误，请与本社联系调换

开　　本：655×960　　1/16

字　　数：130 千字　　印　　张：12

版　　次：2014 年 10 月第 1 版　　印　　次：2021年 6 月第 3 次印刷

书　　号：ISBN 978－7－5168－0414－8

定　　价：29.60 元

前 言

在远古时期，人类为了保护自身或获取猎物，用手投掷石块或木块，用来袭击动物。这种投出或掷出重物的技能就是当今投掷运动的原型。这项基本的活动技能，是在社会文明发展和社会进步的基础上不断的创新和发展的。

当今，在国际上进行正式比赛的投掷项目有推铅球、掷铁饼、掷标枪和掷链球四个项目。这些投掷项目对培养和增强人们的力量、速度素质，提高身体的协调性、柔韧性以及培养人们顽强、勇敢等心理品质都具有积极意义。

推铅球作为田径运动项目，在 19 世纪出现于英国。公元 1896 年第一届现代奥运会上，就把男子推铅球列为正式比赛项目。1948 年第 14 届奥运会上，又把女子推铅球列为正式比赛项目。

掷铁饼是一项古老的体育运动，在古希腊的奥林匹克运动会上已被列为比赛项目。当时的饼是用石头和青铜制作的，在石头台座上正面站立进行投掷。

男子掷铁饼项目早早就成为奥运会正式比赛项目，女子掷铁饼却直到 1928 年第九届奥运会上才被列为正式比赛项目。虽然成绩与男子掷铁饼比赛相比还有很大的差距，但女子掷铁饼项目日益引起了世界各国掷铁饼运动员和教练员的重视。事物在不断发展，运动成绩在不断提高，与男子项目的差距一直在缩小。

通过单纯的力量和身体爆发力在小范围内推动重物，投掷运动给人带来的震撼使之走进了奥林匹克运动会，并日益成为世界人民喜闻乐见的体育项目。比赛当中要求投手具有思维敏捷、反应迅速、准确的判断能力和良好的心理自控能力，这是需要通过长期的训练来获得的。因此，经常从事投掷运动可提高投手的动作速度、反应速度；并提高我们的力量耐力、速度耐力、呼吸耐力等。

随着各类体育竞赛在世界各地如火如荼地进行，随着我国体育事业的日益发展壮大，青少年学生了解一些体育知识是有必要的。为此我们组织编写了这套“青少年魅力体育入门指导丛书”，《投掷的游戏——铅球、铁饼》作为丛书中的一本，分为铅球运动与铁饼运动两个项目，每个项目分别从项目起源、历史发展、竞赛规则、场地设施、项目术语、技术战术、裁判标准、赛事组织、礼仪规范、明星花絮、历史档案等方面进行简明扼要的介绍，力求使青少年朋友对这两项运动有一个比较全面而客观的了解，从而激发对体育运动的兴趣，乐于参与。

由于编者水平有限，错误不当之处在所难免，敬请青少年朋友谅解并指正。

目　录

PART 1　项目起源 …… 1

铅球运动的起源 …… 1

铁饼运动的起源 …… 3

PART 2　历史发展 …… 7

铅球运动的发展 …… 7

铁饼运动的发展 …… 11

PART 3　目前现状 …… 17

铅球运动的现状 …… 17

铁饼运动现状 …… 19

PART 4　竞赛规则 …… 28

铅球的比赛规则 …… 28

铁饼的比赛规则 …… 31

PART 5　场地设施 …… 34

铅球运动的场地设施 …… 34

铁饼运动的场地设施 …… 37

PART 6　项目术语 …… 40

投掷运动术语 …… 40

PART 7　技术战术 …… 45

推铅球比赛技术战术 …… 45

掷铁饼比赛技术战术 …… 73

PART 8　裁判标准 …… 98

铅球比赛主裁判工作 …… 98

铁饼比赛的裁判工作 …… 107

PART 9　赛事组织 …… 115

铅球运动的赛事组织 …… 115

铁饼运动的赛事组织 …… 116

国际田径联合会 …… 117

PART 10　礼仪规范 …… 119

运动员赛前准备活动 …… 119

铁饼、铅球比赛的观看礼仪 …… 123

运动员参赛心理 …… 125

PART 11　明星花絮 …… 127

铅球运动项目 …… 127

铁饼运动项目 …… 151

PART 12　历史档案 …… 168

历届世界田径锦标赛成绩 …… 168

中国队历届世界田径锦标赛成绩 …… 169

世界掷铁饼比赛各级成绩 …… 170

原苏联运动员打破的女子铅球、铁饼世界纪录列表 …… 171

女子铁饼世界纪录进展表 …… 174

2012 年伦敦奥运会田径比赛总成绩公报和奖牌统计 …… 177

PART 1 项目起源

铅球运动的起源

铅球是世界田径赛场上的传统项目。在远古时期，面对严酷的自然环境和生产水平原始低下的生产力，人类要在地球上生存延续下去，不仅要跑得快，或迅速跳越障碍去追捕各种动物，或逃避猛兽的伤害，而且还要学会利用工具把石头、梭标、鱼叉等投得又远又准，以便击中猎物而获得食物。

奴隶制时期，随着人类的发展、社会的进步，掷重石已成为重要的作战方法。为了提高各自的战斗力，掷重石就被当作重要的训练手段。古希腊时期，曾一度流传着投掷石块的比赛，并将此作为选拔大力士的重要标准。

希腊神话中的“大力士”赫拉克勒斯

相传，在公元1150年左右，希腊

雅典举行过一次规模宏大、声势浩大的掷重圆石比赛。根据规定，大力士们把圆石高高举起投向远方，以投掷距离的远近来决定优劣胜负。这可说是铅球运动的前身。

曾经的雅典卫城

大约在公元1340年，欧洲出现了世界上第一批炮兵，用的是火药炮。炮弹是用铁铸成的，样子像个圆球。一个炮弹的重量是16磅，合7.257公斤。为了使得炮手作战时装填炮弹熟练、迅速、敏捷，以提高军队的战斗能力，希腊人就在日常训练中让士兵用同炮弹重量大小相当的石头练习，并进行比赛。后来又用废弃的铅制炮弹代替石头进行模拟训练，这才是现代铅球的直接起源。

再之后，这一训练从部队流入民间，慢慢地变成了投掷铅球的游戏，并且很快得以传播，成为广受群众欢迎的体育竞赛项目。1896年，铅球成为第一届现代奥运会上投掷比赛正式项目。从它诞生之日起，它就一直是大力士的宠儿，铅球运动使得各国大力士能一展自己的雄风。

推铅球起源于古代人类用石块猎取禽兽或防御攻击的活动。现代推铅球始于14世纪40年代欧洲炮兵闲暇期间推掷炮弹的游戏和比赛，并逐渐形成体育运动项目。

铅球的制作经历了用铁、铅以及外铁内铅的过程。正式比赛男子铅球的重量为7.26公斤，直径11～13厘米；女子铅球的重量为4公斤，直径为9.5～11厘米。早期推铅球没有固定的方式，可以原地推，也可以助跑推；可以单手推，也可以双手推；还出现过按体重分级别的比赛。最初采用原地推铅球技术，后逐渐发展到侧向推、上步侧向推。

推铅球最初的比赛只是规定在一条直线后面完成投掷动作，运动员可以采用原地姿势或各种形式的助跑投掷。随后演进成在边长 7 英尺（相当于 2.135 米）的方形场地上完成投掷动作进行比赛。后来才改为在直径 2.135 米的圆圈内推掷铅球，并且规定了铅球必须在直角的扇形区内落地才是有效成绩。

20 世纪 50 年代，美国运动员奥布莱恩发明背向滑步推铅球技术，该技术被称为“铅球史上的一场革命”。70 年代，苏联运动员巴雷什尼科夫发明旋转推铅球技术，由于旋转后难以控制身体平衡，至今只有极少数运动员使用。

女铅球运动员训练中

比赛时，运动员应在直径 2.135 米的圈内，用单手将球从肩上推出，铅球必须落在落地区角度线以内方为有效。男、女铅球运动分别于 1896 年和 1948 年被列为奥运会比赛项目。

铁饼运动的起源

掷铁饼是田径运动中技术性较强的项目，其历史源远流长。根据文献记载，古希腊在公元前 12 世纪至公元前 8 世纪，已经有投掷石片的体育活动，在远古时期，古人类为了获得生活原料，常用石块去投掷飞禽走兽；在采集高大植物的果子时，也常用石块投掷，打击树枝，使果子掉下树来，便于人们的采集，这可能就是掷铁饼运动的最早渊源。

荷马史诗——《奥德赛》英文原著

早在希腊的荷马时期，掷石块和掷铁饼就已经成为当时的希腊人一项很普遍的体育活动。这在荷马史诗《伊利亚特》和《奥德赛》中也有很多的记载。

如今的铁饼是由古奥林匹克五项全能（另四项为跳远、标枪、跑、摔跤）之一的掷铁饼演变而来。掷铁饼运动是在公元前 708 年第十八届古代奥运会上，被正式列为竞赛项目的。古希腊人把运动员投掷铁饼的节奏、准确度和他的力量视为同等重要。最初的铁饼是一个圆盘形石头，且中心厚度较周边大，如同一个飞起来的碟子，后来这块石头逐渐演变为用青铜、铁等金属制成的运动器械。

古老的掷铁饼运动

据考古挖掘的史料证明，19 世纪在奥林匹亚出土的铁饼，重量和规格很不一致，大部分铁饼的重量是 3 ~ 9 磅，直径为 6 ~ 9 英寸，另外也有直径 11 英寸，重量达 15 磅重的，那是为了在训练或竞赛中分别给少年及成年运动员使用的。当时在铁饼表面有的刻着记事的文字，有的饰有竞技者的画像，还有的铁饼用皮囊装着，其珍贵程度可见一斑。说明在古代掷铁饼运动也有过它的黄金时代。

古代文物器皿上有关铁饼的图案

比赛时，竞技者不限定姿势，从一个被古希腊人称之为“巴尔比斯”的场地上将铁饼用力掷出。而“巴尔比斯”占地面积很小，仅够一人活动，除其后方外，周围均有标线。竞技者双脚并立站在距“巴尔比斯”前方标线一步的地方，右手握饼向身体右侧转动预摆数次之后，左脚即向前迈出一步，随后用力将铁饼掷出，不得踩踏或超越前方或侧边的界线。这就是后来被人们称之为“希腊式”的掷铁饼动作。投掷成绩以木桩标定，最远者的距离则用标杆予以标明。

当初，竞技场上常出现严重的伤害事故。这是因为围观比赛的人常随便进入投掷区域所造成的。据说在公元前 696 年的第二十一届古奥运会上，有个优秀的斯巴达城邦的运动员就死于飞来的铁饼之下。以后，仲裁委员会便做出规定，任何人都不准在比赛时无故进入投掷的区域。

为了艺术表现运动员在奥林匹克竞技场上的精湛表演，公元前五世纪古希腊著名雕塑家米隆，创作了一座健美刚毅的“掷铁饼者”雕像，整尊雕像充满了连贯的运动感和节奏感，突破了艺术上时间和空间的局限性，传递了运动的意念，把人体的和谐、健美和青春的力量表达得淋漓尽致。

米隆的“掷铁饼者”雕像

这尊雕像被认为是“空间中凝固的永恒”，直到今天仍然是代表体育运动的最佳标志。它的复制品至今还耸立在许多国家的文化广场、公园或体育场馆。

今天的人们在进行铁饼比赛时，所用的姿势和米隆的那件雕塑品中的运动员所用的姿势是完全一模一样的。而铁饼的形状，也是一模一样，都是中心的厚度较四周的厚度大，形状也都是圆形的。所不同的是它们的周长和重量有很大的区别。另外还有一点不同的是：古代铁饼比赛是用距离和姿势的优美来确定优胜者，而今天，则纯粹是用距离来衡量胜负。

PART 2 历史发展

铅球运动的发展

推铅球技术的演变

推铅球运动从产生至今，虽然已经历经了660多年的发展过程。但技术演进的最大变化还是伴随着现代奥林匹克运动的发展，发生在进入20世纪至今的这100多年里，但技术发展大体上经历了以下四个阶段：

第一阶段（1896～1928年）

侧向滑步推铅球技术较之以前的原地推铅球和垫步推铅球，增加了预先水平速度和有关肌肉的预紧张程度，减小了身体重心的起伏，加快了下肢移动的速度，提高了铅球出手的初速度。

1912年斯德哥尔摩奥运会开幕式

19世纪末，推铅球的世界最好成绩是14.32米。1896

年第一届现代奥运会铅球比赛上，美国选手加雷特仅以 11.22 米就获得冠军。这种技术的典型代表是美国运动员罗斯，他于 1909 年创造了 15.545 米的第一个正式的世界纪录，并保持了 19 年之久。

在 1912 年斯德哥尔摩举行的第 5 届奥运会上，除传统的推铅球比赛外，又增加了一项用左、右推铅球的比赛，成绩评定方法是将左手和右手推掷的距离相加决定名次。结果，美国运动员罗斯以 27.70 米获得冠军。之后，罗斯还获得了 1904 年第三届奥运会和 1908 年第四届奥运会推铅球比赛的冠军。

第二阶段（1929～1952 年）

半背向滑步推铅球技术与侧向滑步推铅球技术相比，加大了最后用力的工作距离，较充分地发挥了腰部力量。这种技术的代表人物是美国运动员富克斯，他于 1950 年创造了 17.95 米的世界纪录。

第三阶段（1953～1972 年）

背向滑步推铅球技术与半背向滑步推铅球技术相比，滑步速度快，加速距离长，动作协调合理，并能充分发挥出腰、腿部的力量，有利于提高铅球出手时的初速度。滑步技术主要是通过运动员在投掷圈后部，支撑腿向投掷方向蹬伸和摆动腿向身后迅速摆动动作的配合完成最后用力前人体和铅球的预先加速的，继而进入最后用力完成推球动作。

世界上第一个突破“18 米大关”的运动员——奥布莱恩

它的突出特点是简洁有效，易于

掌握。美国运动员奥布莱恩于 1953 年创造了背向滑步推铅球技巧，并在第 15、16 届奥运会上分别以 17.41 米和 18.57 米获得冠军，先后 10 次创造世界纪录，成为田径运动员上最杰出的运动员之一。因此，这种技术的别名叫做奥布莱恩式推铅球技术。

第四阶段（1973 年至今）

背向滑步与旋转推铅球技术并存阶段，出现了许多新的推铅球技术形式。先后出现了以美国运动员费尔巴哈为代表的背向滑步转体推铅球技术，并创造了 21.82 米的世界纪录；以苏联运动员巴雷什尼科夫为代表的背向旋转推铅球技术，并以 22.00 米的成绩创造了世界纪录；以民主德国运动员蒂默曼为代表的背向滑步“短长节奏”推铅球技术，并创造了 23.06 米的世界纪录。

铅球雕塑

与传统的背向滑步推铅球技术相比，这几种技术更有利于发挥最后用力前的预先水平速度，加长最后用力的工作距离，动员更多的肌群参与运动，从而达到提高铅球出手初速度的目的。

女子铅球运动的发展

目前，运动员所采用的推铅球技术主要有背向滑步推铅球和背向旋转推铅球两种形式，两种技术各有千秋。在奥运会、世界锦标赛等国际大赛上，已经有越来越多的男子运动员采用旋转推铅球技术，并且取得优异的成绩。现在的男子铅球 23.12 米世界纪录就是由美国运动员巴恩斯采用旋转推铅球技术 1990 年 5 月 20 日在西伍德创造的。我国男子铅球 19.78 米的全国纪录是由辽宁运动员马永丰保持的。

澳大利亚百岁老太鲁思·弗里思勇夺 100 至 104 岁组女子铅球冠军，并打破了该项目的世界老年纪录。

女子铅球的开展起步较晚，第一个世界纪录是 9.37 米，是奥地利运动员克普尔于 1926 年取得的，但她当时使用的铅球重量是 5 公斤。第一个采用标准 4 公斤铅球创造的世界纪录是德国运动员毛尔梅尔在 1934 年创造的，成绩是 14.38 米。女子铅球比赛于 1948 年才被正式列为奥运会比赛项目，第一块奥运会金牌获得者是法国的奥斯特迈尔，成绩是 13.75 米。从此以后，背向滑步推铅球技术一直在女运动员中占主导地位，直到目前也很少女运动员采用其他技术形式参加国际重大比赛。

在女子铅球运动的发展中，苏联运动员起了巨大的推动作用。代表性人物当属 20 世纪 50 年代的济宾娜、60 年代的普雷斯、70 年代的奇约娃和 80 年代的利索夫斯卡娅。

铁饼运动的发展

掷铁饼技术的演变

现代掷铁饼运动是伴随着奥林匹克运动的兴起和不断发展而逐步走向成熟的。现代掷铁饼技术的演变主要经历了三个不同的发展阶段。

历史继承阶段

现代奥林匹克运动刚刚兴起时，掷铁饼技术和场地条件还很不规范。一些运动员甚至在技术上还沿袭古代的投掷方法。如在1896年希腊举行的第一届现代奥林匹克运动会上就采用方形场地，运动员也采用“古希腊式”和“自由式”两种投掷方法。

掷铁饼的男运动员

创新发展阶段

在20世纪上半叶，积极创新的掷铁饼技术不断涌现，特别是旋转技术的出现和不断改进带来了运动成绩的一系列重大突破。在进入20世纪后不久出现了“侧向转身”技术。

20世纪30年代由“侧向转身”技术演进为“跳跃旋转”技术，投掷者上肢做波浪式运动，这时掷铁饼技术已具有现代投掷技术的雏形。其代表人物是意大利运动员康索里尼，他采用这种背向旋转技术首次突破55米大关，并取得1948年奥运会冠军。

铁饼起跑式旋转

20世纪50年代掷铁饼技术又有了新的发展，人们试图获得更快的起转速度，出现了“起跑式旋转”技术，开始旋转动作过程中上体迅速前倾，左脚迅速蹬离地面，右脚快速落地以维持身体平衡。其代表人物是美国运动员乔迪恩，他于1953年用这种技术创造了当时59.28米的世界纪录。

技术完善阶段

进入20世纪60年代人们更加注意到保持铁饼连贯加速和强化人体——器械系统平稳运动对增加用力实效和投掷成绩的重要作用，出现了“低腾空旋转”技术。与“低腾空旋转”技术同时出现的还有一种技术类型被称为“连贯旋转”技术。这种技术强调控制右腿前摆动作，以求尽快获得支撑旋转的更好的效果。还有一些投掷选手在旋转中把铁饼“背”在背后，像连续获得四届奥运会冠军并四次打破世界纪录，博得“铁饼之神”

铁饼运动员在1912年奥运会比赛中

美誉的美国选手厄特就是采用这种持饼旋转方式。

在最后用力鞭打动作的双腿支撑用力方式上，不少运动员喜欢采用双腿固定的“支撑投”方式，认为这样做更符合力学原理，特别是在20世纪60年代末和70年代初在投掷强国，前民主德国女子运动员中非常普遍。但直至今日大多数男选手仍喜欢采用“换步投”方式，认为它便于发挥腰腿力量，加快动作节奏。这两种用力方式各有千秋，目前运动员仍依个人特点选择采用并继续发展着这些技术。由于传统的背向旋转投掷技术所具有的简捷、流畅和实效性强等显著特点，目前仍然被各国优秀选手所广泛采用。

项目成熟阶段

现代奥运会史上，曾有过双手掷铁饼的比赛项目。掷铁饼技术经历过原地投、侧向原地投、侧向旋转投、背向旋转投几个发展过程。背向旋转技术在动作结构和节奏上得到不断改进和完善，使动作幅度大、有效加速距离长、出手速度快，更符合生物力学要求。现代掷铁饼技术的特点是旋转平稳舒展，腾空时间短，身体重心和转动轴变化合理，整个动作协调连贯，加速节奏好，用力幅度大，出手速度快，最后用力时男运动员多采用“跳投”技术，女运动员多采用“支撑投”的方法。

运动员获胜后拥抱教练员

铁饼运动历史纪录

世界上第一个男子掷铁饼的正式成绩是1896年在第一届奥运会上创造的，成绩是29.13米（铁饼重量不详）。1901年，来自波斯尼亚的F·扬达苏克将成绩提高到39.42米。1912年，美国选手创造了第一个世界纪录47.58米。1930年，美国运动员埃·克兰茨采用上步侧旋的投掷技术，以51.03米刷新世界纪录，第一个突破50米大关。1961年，美国运动员威尔金斯第一个以60.56米的成绩突破60米大关。

被誉为“铁饼之神”和美国铁饼的“常青树”的阿尔弗雷德·厄特

五六十年代，美国运动员阿尔弗雷德·厄特以其得天独厚的身材和非传统的合理的独特技术多次创造世界纪录，并连续获得1956年至1968年四届奥运会的铁饼冠军，成为奥运会单项赛中唯一四连贯的选手，被誉为“铁饼之神”和美国铁饼运动的“常青树”。1962年，他在洛杉矶以61.10米的成绩首次打破世界纪录，以后，他又以62.45米、62.62米两次改写世界纪录，1964年，他以62.94米再创世界纪录。1980年，在他43岁的时候，仍将自己的最好成绩提高到69.46米，轰动了世界体坛。男子铁饼的现世界纪录是74.08米，由前民主德国选手丁尔根·舒尔特于1986年6月6日创造。

女子铁饼于1928年第九届奥运会上被列为正式比赛项目，但世界纪录直到1936年才开始设立，创建者是30年代德国著名投掷运动员吉·毛厄尔迈尔，成绩是48.31米。1952年有人用新的背向旋转投掷方式取得了很好的效果，并以57.04米的成绩创造了当时的世界纪录，引起了世界各国掷铁饼运动员和教练员的重视。1960年，苏联选手塔玛拉·普雷斯以57.15米的成绩刷新了世界纪录，1965年又创造了59.70米的新纪录，自此，她共12次改写铅球、铁饼的世界纪录。

70年代初苏联运动员法·麦尔尼克在掷铅球上取得了突破，她率先采用了适合自己特点的在左脚跟上开始旋转的投饼技术，取得了优异成绩，在1971~1976年间，她11次刷新世界纪录，成为铁饼届破纪录次数最多的运动员，成绩从64.22米到70.50米。麦尔尼克的技术后来被前民主德国选手埃·雅尔所沿用，她分别以70.72米和71.50米两次打破世界纪录。现世界纪录为前民主德国选手加布里尔·赖因施于1988年7月9日在新勃兰登堡创造的76.80米。

铁饼运动器械的发展

掷铁饼是一项古老的运动，远古人类投石击兽大致有两种形式：一种投掷圆石，后来演变成推铅球；另一种是投掷扁石，后来成了投掷铁饼。

掷铁饼是在公元前708年第十八届古代奥林匹克运动会上被正式列为比赛项目的，当时所用的器材就是扁圆的石块。

比赛时，运动员站在一个石台上，做几次预摆后将饼掷出。那时的“铁饼”重量大小没有统一标准，因为比赛是用距离和姿势的优美来确定优胜者，而今天则纯粹是用距离来衡量胜负。古代的掷铁饼是一项演绎了人体和谐、健美和青春力量的运动，这一点单从古希腊著名雕塑家米隆的代表作《掷铁饼者》就可见一斑。

随着时间的推移，“铁饼”的形状逐渐趋于规范，材质也趋于多种多样。19 世纪，在奥林匹亚发掘出一批关于体育的文物，其中就有古代的铁饼。这些铁饼重约 1.5 至 1.7 公斤，直径为 16.5 至 34 厘米，厚约 1.4 厘米。出土的“铁饼”有木质、石质、铁质等，表面都刻有运动员的肖像或铭文。

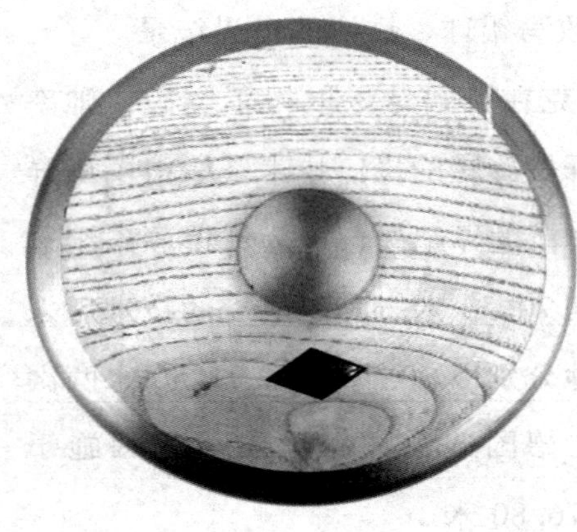
现代的木质铁饼

17 世纪开始，人们将铁饼改为铁木结构，并规定了标准：重量 1.924 公斤，直径 21.9 厘米。一直到 18 世纪初，铁饼的形状结构、直径以及重量都只有微小的变化。

现代正式比赛中使用的铁饼是一个木质圆盘加上金属包边，它的上下两面都一样光滑，中心是平的。男子铁饼重约 2.005 至 2.025 公斤，直径 21.8 至 22.1 厘米。女子铁饼重约 1.005 至 1.025 公斤，直径 18 至 18.2 厘米。

PART 3 目前现状

铅球运动的现状

推铅球技术发展现状

推铅球是以力量为基础、速度为核心的速度力量型项目。推铅球运动有着悠久的历史，在其漫长的发展过程中，技术的改进和训练方法的完善推动了成绩的不断提高。推铅球技术是由最初的原地推逐渐演变到侧向滑步推。背向滑步推和旋转推。

目前采用旋转推铅球技术的男子选手在世界大赛中占有一定优势，而女子选手大都采用背向滑步推铅球技术。但不管采用何种技术，其最佳技术的标准是一样的，即运动员在最短的时间里沿着最长的工作距离施予铅球最大的作用力。

今后的推铅球技术发展趋势是以发挥运动员个人优势身体素质和个人身体形态特点为前提，在原有推铅球技术的基础上设计符合个人特点的专项技术。

相对于男子旋转推铅球运动员而言，女子采用旋转推铅球技术具有器械轻、旋转距离小、平衡能力强等方面优势。设计符合女运动员身体形态和运动技能特点的旋转推铅球技术是今后女子铅球水平的突破口。

中国女子铅球运动现状令人担忧

区区19米，已经成了中国女子铅球选手一道难以逾越的坎。在2001年举办的九运会女子铅球决赛中，老将辉煌不再，新秀实力有限，曾经红火的中国女子铅球现状令人担忧。

女子铅球运动员在比赛中

首次参加成人比赛的河北小将李梅菊夺得冠军，成绩只有18米92，而八运会冠军隋新梅的成绩是20米25。

当天的铅球决赛是一场“四世同堂”的比赛：五十年代的李梅素、六十年代的张榴红、七十年代的程晓艳和八十年代的李梅菊。

“这么多老将和新人挤在一起比赛，还不是因为现在铅球水平低。”河北队教练何增生感叹说。

九运会田径女子铅球比赛报名成绩可谓很“惨”：19名选手的报名成绩最好的18米67，最差的仅为16米96。13年前李梅素创造的21米76的亚洲纪录，年轻一代可望而不可及。

老将已难现昔日的辉煌，隋新梅在19日的女子铅球及格赛上，只投出了16米67，在参赛的19名选手中排名第十四，未能进入决赛；进入决赛的李梅素也只投出了18米39，在8名决赛选手中垫底。

黄志红是世界冠军，隋新梅是奥运会银牌得主，李梅素也得过奥运会铜牌，“三架马车”曾谱写过中国女子铅球最辉煌的诗篇。

中国小将巩立姣在比赛中

“我太热爱铅球了，再说这几年中国女子铅球青黄不接，我参加九运会，想发挥一个老队员的带头作用。”李梅素赛后说。

培养了李梅素的河北队教练何增生认为，要想重振中国女子铅球的辉煌，应该从科学训练上着手，同时集中全国优秀教练员在一起，共同探讨中国女子铅球发展之路，以交流促发展。

这位在铅球界工作了50多年的资深教练说：“今年7月，我带队在‘马家军’那里训练了一个月，确实学到了很多东西。学习太重要了，我今年63岁了，还得不停学习。中国女子铅球界，必须大兴学习之风!”2013年9月，在十二届全运会田径女子铅球决赛中，河北选手巩立姣夺冠。在第二投中，巩立姣依旧投出18.96米，李梅菊则投出17.48米的成绩。

铁饼运动现状

铁饼运动的现状

从1896年开始的现代奥林匹克运动会，铁饼比赛有两种不同形式。一种是站在斜面上原地掷铁饼（古典式），另一种则是“自由式”。铁饼的投掷方式渐渐由原地掷过渡到从一个方形区域掷。直至1912年，铁饼运动才真正发展成为今天这样从一个直径2.5米的投掷圈里投掷。

有很多年，投掷圈在土地上或草地上画。土圈比较受追捧，因为土壤易于打理，可保持相对平整的表面。带有1寸长钉子的“田径”鞋是铅球和铁饼运动员的选择对象。穿钉鞋便于在土圈内快速旋转，但投掷者会花费大量时间平整投掷圈。

第十一届奥运会主场馆

到20世纪50年代，投掷圈首次使用沥青铺设表层，然后发展为用水泥铺设。投掷运动鞋也由钉鞋变为平底鞋。因为表面极为平整，几乎零坡度，水泥地表面成为最佳选择，并一直沿用至今。不过水泥地表面存在很多摩擦问题。投掷圈常常不是太滑就是太涩。不利于完美的投掷，但运动员知道如何适应它。

1896年第一届奥运会，男子铁饼即被列为比赛项目；1897年首次出现了旋转掷法；1912年国际田联统一了铁饼的重量和规格；1928年第九届奥运会上，女子铁饼也被列为比赛项目。现代铁饼运动于20世纪初传入中国，1914年，男子铁饼首先成为全国运动会正式比赛项目；1933年，女子铁饼也被列入。

新中国成立后，铁饼运动，尤其是女子掷铁饼运动有了很大发展，中国选手在国际大赛上屡创佳绩。近年来，中国的铁饼运动水平略有滑坡，与欧美等强国还有一定的差距。

中国铁饼运动的现状

1936 年曾在柏林奥运会上掷铁饼的老运动员

田径是众多体育项目中的基础项目和重点项目，具有金牌多、影响大、竞争激烈的特点，一直受到世界各国的重视。田径共有男女 46 个小项，每个国家都不可能面面俱到，均衡发展。竞走、女子中长跑、男子 110 米栏是目前我国的优势项目，而掷铁饼在我国是一项深受人们喜爱的运动项目，尤其是广大青年朋友的积极参与，使它具有了广泛的爱好者群体。

1956 年 11 月我国运动员石宝珠第 12 次打破全国纪录，并以 50.93 米的成绩列当年世界第 7 位，相当于同年举行的第 16 届奥运会的第四名。1965 年和 1966 年刘德翠以 55.10 米成绩再次进入世界前 10 名。70 年代我国开始引进国际先进的宽站立、低姿势、大幅度掷铁饼技术，并使之与我国的运动员的训练特点成功对接。李晓惠和谢建华等人多次刷新全国纪录。1980 年 5 月李晓惠以 61.80 米突破 60 米大关，并三破亚洲纪录。1986 年以后，侯雪梅和于厚润又曾多次刷新亚洲纪录，侯雪梅获 1989 年世界大学生运动会掷铁饼冠军。闵春凤获得第 25 届奥运会掷铁饼铜牌。1992 年肖艳玲突破 70 米大关，以 71.68 米列当年世界最好成绩，并创造了女子掷铁饼的全国和亚洲纪录保持至今。

而男子掷铁饼相对于女子的发展要稍慢一些，1954 年李秉诚以

42.28 米首创新中国男子掷铁饼纪录。之后，孙久远五破纪录，并在 1959 年 8 月创造了 53.48 米的全国纪录。

1977 年 4 月刘殿龙以 53.64 米刷新孙久远保持了近 18 年的全国纪录。随后，李建国又三破纪录。李伟男七次刷新全国纪录并荣获亚运会三连冠，在 1984 年以 60.40 米突破 60 米大关。1990 年张景龙以 61.72 米的成绩打破了伊朗运动员保持了 16 年之久的亚洲纪录，1992 年 5 月于文革又把亚洲纪录提高到 65.02 米。目前我国的男子掷铁饼全国纪录和亚洲纪录是 65.02 米。目前我国的男子掷铁饼全国纪录和亚洲纪录是 65.16 米，是由山东运动员李绍杰 1995 年创造的。

自从 1949 年中华人民共和国成立后，我国掷铁饼的成绩迅速提高，其中女子掷铁饼是我国田径史上最早进入世界先进水平的投掷项目。女子铁饼项目属于对爆发力、速度尤其是技术均要求较高的项目，这些要求与我国女子铁饼运动员所具有的技术动作快速、协调、灵活等特点吻合。该项目应成为我国田径优势项目，采取多种措施大力发展，为国争光。

从理论分析及实践结果来看，中国相对适合发展的田径项目有：对意志品质、速度耐力和技术均要求较高的比赛时间长的项目对爆发力、速度尤其是技术均要求较高的项目。女子铁饼项目正属于对爆发力、速度尤其是技术均要求较高的项目，可以而且应该成为我国田径的优势项目。

中国女子铁饼选手发力瞬间

我国女子铁饼项目曾经取得的成绩女子铁饼项目曾是我国田径史上

率先进入世界先进行列的项目之一，优秀的运动员层出不穷。

在 1988 年第 24 届奥运会上，我国运动员侯雪梅以 65.94 米的成绩获得第 8 名在 1996 年第 26 届奥运会上，肖艳玲以 64.72 米的成绩获得第 5 名。1991 年世界田径锦标赛，闵春风以 65.26 米的成绩获得铜牌。2003 年世锦赛，宋爱民以 63.84 米的成绩获得第 7 名。2005 年世锦赛上，马淑丽掷过 61.33 米，获得第 6 名。

在 1989 年田径世界杯的比赛中，代表亚洲出战的中国运动员侯雪梅以 66.04 米的成绩获得银牌。

肖艳玲在 1992 年创造了 71.68 米的当年世界最好成绩，也是现在的中国和亚洲纪录，从 1992 年至今十几年过去了，世界上还没有女子铁饼运动员超过这一成绩。1997 年第八届全国运动会上，29 岁的肖艳玲以 70 米的优异成绩夺得该项目金牌。由此可以看出，我国女子铁饼运动员有能力在该项目上创造优异成绩。从 2003 年以来，连续三年排名全国第一的宋爱民成绩稳定在 65 米左右这样一个较高水平上。排名第 2、3 位的运动员与之差距也很小。

我国历来就不缺乏优秀的女子铁饼运动员，该项目的代表当首推宋爱民，她 2003 年在石家庄掷出了 65.33 米的个人最好成绩，2005 年 6 月在印尼又有 65.23 米的出色表现。自 2003 年以来，宋爱民的成绩连续三年高居亚洲第一。另外，2005 年中国还有黎秋梅、黄群两人的成绩超过 64.50 米，其中前者达到 64.89 米。除了上述几人外，还有一批成绩不错的运动员，如马淑丽、徐韶阳、李艳凤、马雪君等。除了这批正值当打之年，在一线征战的运动员外，近来还涌现了一批有潜力的新秀，像潘赛丽、谭健等，在 2006 年世界青年田径锦标赛上表现不错，潘赛丽获得世青赛该项目银牌。

我国目前女子铁饼队伍人才梯队年龄结构比较合理。我国发展女子铁饼项目的优势从实践结果和理论分析来看，中国相对适合发展的田径项目有：对爆发力、速度尤其是技术均要求较高的项目和对意志品质、速度耐力和技术均要求较高的比赛时间长的项目。在优秀铁饼运动员中，我国选手与外国选手相比，一般来说身高、体重和力量指标稍差一些，全运会、国际大赛目标并不完全一致。全运会一结束，大家彻底放松，无人、无心再抓训练。应该说这种现象已对中国田径备战世界大赛特别是备战奥运会总体目标的实施构成不少的障碍。在中国田径的历史上，田径队员因动作协调、快速灵活，曾经在女子铁饼项目创造优异成绩。成绩排名世界前列的运动员，如肖艳玲、闵春风等，她们并不是因为身体条件和身体素质超群，而主要在于形成了自己鲜明的技目标和追求，不仅仅将目光锁定在全运会上，充分发挥了自身动作协调、灵活、爆发力较好的特点。

大邱世锦赛中国第一金
李艳凤勇夺女子铁饼金牌

我国地域辽阔，人口众多，建设一支高度集中的由田径管理中心直接抓的队伍，是运动员选材的一大优势，应充分利用好我们的优势和国家集训队，发挥举国体制的优势。为了完成国家的目标和充分挖掘我们的特有的潜力，为我国女子铁饼项目跻身世界服务，田径管理中心可以对运动员人员编制、经费投入及其他方面给予更强有力的支持，为田径运动员提供更好的训练、竞赛、科研、医务等方面的保障。

我国田径界一直在重复着一个怪圈：全运会将国内最好的训练管理、训练、科技、医务人才集中调配使用，使较好的教练员、运动员组合在一起，获得最好的训练效果，有不少项目可达到世界先进水平，甚至超过了世锦赛冠军的成绩。全运会后，大多数项目的成绩出现大幅度回落，有的甚至下降得令人难以置信。

我国女子铁饼运动员在世界大赛上不能正常发挥自己成绩的问题十分突出。早在1997年八运会上，我国女子铁饼名将肖艳玲以70.00米的优异成绩夺得金牌，可在同年的第6届世界锦标赛上，她只投出56.32米，与决赛无缘。在2000年悉尼奥运会，我国参加女子铁饼的比赛运动员更是大失水准，其中一名运动员竟然两次试投都将铁饼打在护笼上。

2005年世锦赛上，我国运动员宋爱民在资格赛中轻松投出64.19米，进入决赛后最好成绩却只有57.90米，只获得第10名。其实以她资格赛的成绩，决赛中就可以获得铜牌。

这么多运动员发挥欠佳，一个重要的原因就是缺少大赛经验，技术不过硬，心理素质差，稳定性差。在紧张激烈的比赛中，体能、技能、心理能力和智能等任何一个因素微小的起伏，都会对成绩和最终结果具有决定性的作用。对策：多参赛，在大赛中锻炼运动员。

据统计，世界优秀运动员每年比赛的平均次数达到15次左右，其中相当多的运动员一年比赛次数超过20次。反观我国高水平运动员每年参赛次数少得可怜，除少数运动员每年参加10次左右的比赛，绝大多数运动员平均每人只有5次左右。我国运动员要想在紧张的环境中磨练，才能得到全面锻炼与提高。通过这些比赛，运动员得到了全方位的锻炼与提高，使自信心更强，斗志更旺盛，成绩稳步提高。目前，我国还有不少教练员和运动员对多参加比赛这个问题认识不够，认为比赛会影响到训练的系统性，进而影响比赛成绩。

中国选手李艳凤在亚运会比赛中

在这种认识的影响下，出现了运动员怕比赛，少比赛，参加比赛不认真等现象。希望我们这样的教练员与运动员转变思想观念，要真正理解与认识比赛对训练的核心与促进作用。经过国际上多年和国内近年来的实践经验和无数优秀运动员的成功例子验证，比赛作为整个训练工作的核心与精髓，不仅于训练工作无碍，相反有极大的促进作用。女子铁饼运动员退役也早，田径运动中的投掷项目属于典型的成年项目，2004 年雅典奥运会，女子铁饼前三名运动员的平均年龄达到了 34 岁。

2005 年世锦赛，该项目前 3 名的运动员平均年龄也有 32 岁。但中国女子铁饼运动员能坚持到 30 岁的少之又少。运动员更新相对太快，既难以充分发掘出其潜在的实力，又难以保证她们能积累到更多的国际大赛经验。同时也造成了人才资源和国家资源的浪费。

国家培养出一名高水平的运动员代价不菲，运动员正值当打之年却突然退役了，给国家带来不小的损失。但中国也有大龄女子铁饼运动员成功的范例。

山西运动员黎秋梅在第十届全运会中，31 岁的她焕发青春，击败宋爱民等年轻好手，以 64. 89 米的优异成绩夺得金牌。对策：转变教练员、运动员的思想观念。采取各种政策和措施，解除优秀运动员的后顾之忧，使她们全身心投入到训练中来，延长尖子运动员的运动生命，争取为国再立新功。如果能够延长尖子运动员的运动生命，中国女子铁饼的整体水平完全有可能再上一个新的台阶，赶超世界先进水平也就有了更坚实的基础。

2013 年 9 月，第十二届全运会田径比赛铁饼比赛中，四川选手谭建以 64.11 米获得金牌，黑龙江选手李艳凤以 63.91 米获得银牌，上海选手杨彦波获得铜牌。

PART 4 竞赛规则

铅球的比赛规则

1. 应抽签决定运动员试掷顺序。

2. 运动员超过 8 人，应允许每人试掷 3 次，有效成绩最好的前 8 名运动员可再试掷 3 次，试掷顺序与前 3 次试掷后的排名相反。如果在第 3 次试掷结束后出现第 8 名成绩相等，按规则处理。当比赛人数只有 8 人或少于 8 人时，每人均可试掷 6 次。

3. 比赛开始前，运动员可在比赛场地练习试掷，练习组应按抽签排定的顺序进行，并始终处于裁判员的监督之下。

决赛前，选手第一次试掷

4. 一旦比赛开始，运动员不得持器械练习，无论持器械与否，均不得使用投掷或落地区以内地面练习投掷。

5. 应从投掷圈内将铅球推出。运动员必须从静止姿势开始试掷。允许运动员触及铁圈和抵趾板的内侧。

6. 应用单手从肩部将铅球推出。当运动员进入圈内开始试掷时，铅球应抵住或靠近颈部或下颌，在推球过程中持球手不得降到此部位以下。不得将铅球置于肩轴线后方。

（1）不允许使用任何装置对投掷时的运动员进行任何帮助，例如使用带子将两个或更多的手指捆在一起。除了开放性损伤需要包扎以外，不得在手上使用绷带或胶布。

（2）不允许使用手套。

（3）为了能更好地持握铅球，运动员可使用某种适宜物质，但仅限于双手。

（4）为了防止手腕受伤，运动员可在手腕处缠绕绷带。

（5）为防止脊柱受伤，运动员可系一条皮带或其他适宜材料制成的带子。

（6）不允许运动员向圈内或鞋底喷洒任何物质。

8. 运动员进入圈内开始投掷后，如果运动员身体的任何部位触及圈外地面，或触及铁圈和抵趾板上面，或以不符合规定的方式将铅球推出，均判为一次投掷失败。

铅球专用小旗

9. 如果在投掷中未违反上述规定，运动员可中止已开始的投掷，可将器械放在圈内或圈外，在遵守本条前提下，可以离开投掷圈，然后返回圈内从静止姿势重新开始投掷。

注：本款中允许的所有行为应包括在规则中规定的一次投掷的时限之内。

10. 铅球必须完全落在落地区角度线内沿以内，试掷方为有效。

11. 每次有效试掷后，应立即测量成绩。从铅球落地痕迹的最近点取直线量至投掷圈内沿，测量线应通过投掷圈圆心。

12. 运动员在器械落地后方可离开投掷圈。离开投掷圈时首先触及的铁圈上沿或圈外地面必须完全在圈外白线的后面，白线后沿的延长线应能通过投掷圈圆心。

13. 应以每名运动员最好的一次投掷成绩，包括因第一名成绩相等而进行的决名次赛的试掷成绩，作为其最后的决定成绩。

15. 在比赛过程中，运动员如果有下列违反规则的行为，则会被判犯规，成绩无效：

（1）超出时间限制。

（2）投掷铅球和标枪技术不符合规则规定（规则要求铅球和标枪必须由单手从肩上掷出）。

（3）触及抵趾板前端。

（4）铅球落在投掷区域外。

（5）铅球低于肩部。

（6）进入投掷圈后，未能暂停或者展示控制。

（7）投掷时间超过 90 秒。

（8）计分 6 次投掷后，有效投掷距离最远的选手获胜。

（9）在投掷过程中，身体和器械的任何一部分不得触及投掷圈铁圈上沿或圈外的地面和标枪投掷弧、延长线以及线以外地面任何一部分，包括铅球抵趾板的上面，否则即为投掷失败。

（10）只有当器械落地以后，运动员才允许离开投掷圈或助跑道。

标枪运动员在投出的枪落地前，不能在投掷后转身完全背对其投出的标枪。完成投掷后，链球、铁饼和铅球运动员必须从投掷圈后半圈的延长线后面退出。标枪运动员必须从投掷弧以及延长线以后退出。

（11）在没有犯规的情况下，参赛者可以中止已开始的试掷动作，将器材放下以后暂时离开投掷区，并重新开始，但是必须在规定的时限内完成投掷。

（12）参赛者可以在比赛期间离开比赛区域，但必须由裁判员许可并由裁判员陪伴。

（13）比赛过程中，运动员不能在比赛场地使用以下电子设备：摄像机、便携式录放机、收音机、CD 机、报话机、手机、MP3 以及类似的电子设备。

铁饼的比赛规则

1. 应抽签决定运动员的试掷顺序。

2. 运动员超过 8 人，应允许每人试掷 3 次，有效成绩最好的前 8 名运动员可再试掷 3 次，试掷顺序与前 3 次试掷后的排名相反。如果在第 3 次试掷结束后出现第 8 名成绩相等，按规则第 146 条 3 处理。当比赛人数只有 8 人或少于 8 人时，每人均可试掷 6 次。

3. 比赛开始前，运动员可在比赛场地练习试掷，练习时应按抽签排定的顺序进行，并始终处于裁判员的监督之下。

4. 一旦比赛开始，运动员不得持器械练习，无论持器械与否，均不得使用投掷圈或落地区以内地面练习试掷。

标准田径赛场

5. 应从投掷圈内掷出铁饼。运动员必须从静止姿势开始试掷。允许运动员触及铁圈内侧。

6. （1）不允许使用任何装置对投掷时的运动员进行任何帮助。例如使用带子将两个或更多的手指捆在一起。除开放性损伤需要包扎以外，不得在手上使用绷带或胶布。

（2）不许使用手套。

（3）为了能更好地持握器械，运动员可以使用某种物质，但仅限于双手。

（4）为防止脊柱受伤，运动员可系一条皮制或其他适宜材料制成的带子。

（5）不允许运动员向圈内或鞋底喷洒任何物质。

7. 运动员进入圈内开始试掷后，如果运动员身体的任何部位触及圈外地面或铁圈上沿，均为一次试掷失败。

8. 如果在试掷中违反上述规则，运动员可中止已开始的试掷，可将器械放在圈内或圈外，在遵守本条第11款的前提下，可以离开投掷圈，然后返回圈内从静止姿势重新开始试掷。

田径世锦赛中国选手试投中

9. 铁饼必须完全落在落地区角度线内沿以内，试制方为有效。

10. 每次有效试掷后，应立即测量成绩。从铁饼落地痕迹的最近点取直线量至铁圈内沿，测量线应通过投掷圈圆心。

11. 运动员在器械落地后方可离开投掷圈。离开投掷圈时，首先触及的铁圈上沿或圈外地面必须完全在圈外摆线的后面，白线后沿的延长线应能通过投掷圈圆心。

12. 应将器械运回投掷圈，不许投回。

13. 应以每名运动员最好的一次试掷成绩，包括因第一名成绩相等而进行的决名次赛的试掷成绩，作为其最后的决定成绩。

PART 5 场地设施

铅球运动的场地设施

铅球场地是田赛场地设施之一。由投掷圈、限制线、抵趾板和落地区组成。投掷圈用厚 0.6 厘米铁板、钢板或其他材料围成直径 2.135 米的圆圈，漆成白色。圈内地面用混凝土、沥青或其他坚硬、不滑的材料铺成。

铅球

铅球应用固体的铁、铜或其他硬度不低于铜的金属制成，或由此类金属制成外壳，中心灌以铅或其他金属。铅球的外形必须为球形，表面不得粗糙，结点处应光滑。

铅　球

在比赛中，只许使用组委会提供的器材，在比赛中不许改变。不允许运动员携带任何器材进入比赛场地。

注：女子甲级使用的铅球与成年女子相同。

场地

铅球场地是田赛场地设施之一。由投掷圈、限制线、抵趾板和落地区组成。投掷圈用厚0.6厘米铁板、钢板或其他材料围成直径2.135米的圆圈，漆成白色。圈内地面用混凝土、沥青或其他坚硬、不滑的材料铺成。

铅球场地画法以2.135米为直径画圆，以其中点为圆心O，面对投掷方向在圆内画一条直径，交圆周于A、B两点；过O作一条直线OC=10米并垂直于AB；过C作一条直线DE平行于AB，其中，CD=CE=3.64米；连接O和D点、O和E点，并延长OD、OE。则角DOE为40度角的扇形为铅球落地区。

限制线

从金属圈顶两侧向外各画一条宽5厘米、长至少为75厘米的白线。此线可以画出，也可用木料或其他适宜材料制成。白线后沿的延长线应能通过圆心，并与落地区中心线垂直。

投掷圈

投掷圈应用铁、钢板或其他适宜材料制成，其上沿应与圈外地面齐平。圈内地面应用混凝土、沥青或其他坚硬而不滑的材料修建。圈内地面应保持水平，低于铁圈上沿14~26毫米。也可使用符合上述规定的活动投掷圈。

投掷圈内沿直径应为2.135米（±5毫米）。铁圈边沿至少应厚6毫米，漆成白色。

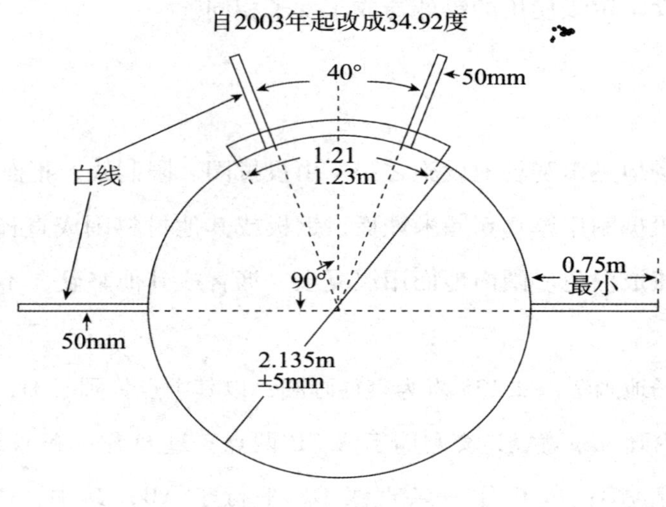

铅球推掷圈设计图

抵趾板

抵趾板应用木料或其他适宜材料制成，漆成白色，其形状应为弧形，以便使其内沿与铁圈内沿重合。应将抵趾板安装在两条落地区角度线之间的正中位置，并固定于地面。

注：可以使用国际田联以前规定的抵趾板。

抵趾板宽度为 11.2 ~ 30 厘米，内沿弧长 1.22 米（±1 厘米），高出圈内地面 10 厘米（±2 毫米）。

落地区

落地区用煤渣或草地以及其他适宜材料铺设落地区，铅球落地时应能留下痕迹。用宽 5 厘米的两条白色角度线标明，线宽不包括在落地区有效面积内，角度线的内沿延长线通过投掷圈圆心，夹角为 34.92 度。

落地区地面沿投掷方向的向下倾斜度不得超过 1:1000。在两角度线的外侧每隔 1 米放置距离标志牌。铅球落地扇形角度应该为 34.92

度。可用醒目的旗帜或标志物标出每名运动员的最好成绩，放置标志物时，应沿落地区角度线方向放置在角度线外侧。

天然草草皮落地区

注：可用下列方法精确设置40度扇形落地区：在离投掷圈圆心20米处，二条落地区角度线相距13.68米，即每离开圆心1米，落地区角度线的横距增68.4厘米。

铁饼运动的场地设施

铁饼

铁 饼

铁饼的饼体可为实心或空心结构，应用木料或其他适宜的材料制成，周围镶以金属圈，金属圈边缘应呈圆形。外缘横断面应为标准原型，半径约为6毫米。

铁饼两面中央可镶有与饼体齐平的圆片，也可不装金属圆片，但应相同部位呈平面，制造时不得带有凹陷、凸起或尖缘。从金属圈边

运动员在投掷场地进行投掷

缘弯曲处至饼心的边沿，铁饼表面应呈直线倾斜，饼心的半径为25～28.5毫米。铁饼的大小和总重量应符合规定。

比赛中，只许使用组委会提供的器材，在比赛中不许改变。不允许运动员携带任何器材进入比赛场地。在所有其他比赛中，运动员可以使用自备器材，但在比赛前应经组委会批准，这些检查合格并做有标记的自备器材，所有运动员均可使用。

铁饼圈

应用带形钢、铁或其他适宜材料制成投掷圈，铁饼运动是在投掷圈内通过旋转，用单手将铁饼掷出，铁饼的投掷圈直径为2.5米，外围是铁镶的边，有6毫米厚，顶端涂白。

投掷圈顶端应与圈外地面齐平。圈内地面应用混凝土、沥青或其他坚硬而不滑的材料修建。圈内地面应保持水平，低于铁圈上沿14～26毫米。

铅球运动员投掷瞬间

铅球投掷圈的正前方放着一个木质的挡板，长约1.21至1.23米，用于防止运动员滑出圈外的。运动员可以碰挡板的内侧，但不能碰挡板的顶端或者投掷圈以外的地面。

落地区

铁饼着陆区都是由煤渣、草坪或者其他能留下印记的物质构成的平坦区域。每一个扇区由5厘米宽的白线分开，扇面角度是34.92度（2003年前为40度）。落地区在投掷方向上的向下倾斜度不得超过1∶1000。

掷铁饼标准场地

注：可用下列方法精确设至40度扇形落地区，在距投掷圈圆心20米处，二条落地区角度线相距13.68米，即每离开圆心1米，落地区角度线的横距增加68.4厘米。

可用醒目的旗帜或标志物标出每名运动员的最好试掷成绩，放置标志物时，应沿落地区角度线方向放在角度线外侧。

PART 6 项目术语

投掷运动术语

左侧支撑

田赛投掷项目技术动作之一。以右手投掷为例，当运动员完成助跑、滑步或旋转到最后一步，即右脚落地后，左脚必须紧接落地，以左脚、左腿和左肩形成牢固的左侧支撑，以制止下肢继续向前移动，免使助跑、滑步或旋转中形成的超越器械动作遭到破坏，提高最后用力的效果。

掷铁饼前的运动员发力

出手初速度

投掷项目术语之一。器械出手时的瞬时速度，是决定投掷成绩的主要因素。根据抛体运动原理，器械飞行距离与出手初速度的平方成正比，故应尽量增大出手初速度。其大小取决于合理的投掷技术和器械出手时的力量与方向：（1）在较长的工作距离内用较短的时间完成用力出手动作；（2）要把全身力量作用到器械上，特别是要正确运用躯干和腿部肌肉群的力量；（3）用力方向必须与器械出手时的飞行方向一致。

出手高度

投掷项目术语之一。是影响投掷成绩的因素之一。对投掷距离较近的项目影响较大。

地斜角

田赛投掷运动术语。田赛投掷项目中器械的出手点和落地点的连线与地平线所形成的夹角（仰角）。其正切值等于出手高度除以器械飞行的远度。运动员常根据地斜角的影响和器械所受的空气阻力以及滑翔作用，决定适宜的投掷角度。

仰角

田赛投掷运动术语。田赛投掷项目中投掷器械出手瞬间，器械的纵轴线与水平线之间的夹角。

迎角

也称“攻击角”。田赛投掷运动术语。田赛投掷项目中铁饼、标枪掷出后，其飞行时的纵轴线与气流方向之间的夹角。在一定范围内，与铁饼、标枪的升力成正比。

超越器械

田赛投掷项目技术动作之一。在投掷运动中，器械未出手时，身体赶超于器械之前，称“超越器械”。动作一般在助跑中加速的情况下完成。投掷项目助跑的最后阶段，躯干和下肢采取更快的速度前进，超前于器械，成下肢在前上体在后的倾斜姿势，而器械则落在身体后方，使器械所处位置到投掷出手之间，有较长的工作距离，为最后用力并提高成绩创造有利条件。

最后用力

田赛投掷项目技术动作之一。在交叉步右脚落地后和左脚着地前开始用力，要求右腿旋内并有力蹬送髓部，使之加速前移，完成髋轴转向投掷方向。同时左脚快速落地，形成双脚支撑，为髋和躯干肌肉用力提供稳固支点。继以送髋、转腰、挺胸，使躯干形成“满弓”姿势，保证了以髋关节为轴的“鞭打”用力动作的完成，增加用力工作距离，缩短用力时间并集中全力作用于器械上，使之投掷得更远。

投掷助跑

投掷项目术语之一。是使投掷者和器械获得一定的预先速度，做好投掷前的“超越器械”动作，为最后用力发挥最大的力量和速度创造有利的条件。是投掷技术的组成部分。各项投掷运动的场地和投掷方式不同，助跑的形式各异。一般分为：（1）直线前进；（2）旋转前进。

投掷步

田赛投掷运动术语。田赛投掷项目中掷标枪和掷手榴弹的助跑技术。一般采用五步或七步完成。以掷标枪项目五步投掷步右手持枪为例，当运动员助跑至最后五步时，左脚踏地，右腿向前迈第一步，同时右肩右转，开始向后引枪；右脚着地，左腿向前迈第二步，同时右肩继续后转并完成引枪动作，左肩侧向投掷方向；接着右脚在左腿前交叉迈出第三步；第三步右脚未落地，左腿即积极前迈第四步；此四步全部在继续加速中进行，并同时做好超越器械、左侧支撑动作，紧接最后用力，把标枪掷出。第五步为枪出手后，右足再迈前一步并降低重心，以资缓冲。

交叉步

田赛投掷运动术语。田赛掷标枪、掷手榴弹助跑投掷步倒数第二步技术。投掷时，当倒数第三步左脚落地后，倒数第二步右腿膝关节自然弯曲，以大腿带小腿，从左腿前有力地向前摆出，由于左腿的蹬伸，形成两腿在空中瞬间交叉的姿态，加速两腿向前移动速度，并完成超越器械动作，为最后用力创造有利条件。交叉步的长短，取决于助跑速度和左腿蹬地力量以及髋部转动角的状态。

扣锁握法

也称“锁握”。掷链球时握住链球柄环的方法。左手的手指中段指节弯曲成勾形，勾握柄环，右手指扣握在左手指的指根部，左手的拇指扣握右手拇指，并交叉相握成扣锁状，以防脱落。

动作幅度

动作幅度是指运动员作用于铅球的工作距离，工作距离是影响铅球运行时加速度的主要因素之一。所以，从某种程度上来说，没有动作幅度就没有动作速度。

推铅球技术的动作幅度外形的表现是运动员身体重心的移动距离、铅球的运行速度，内在的表现是机体各环节肌群收缩的累加距离。高水平的铅球运动员动作幅度的内在表现距离一定会远远地大于一般运动员，虽然两者的外在表现距离值无显著性差异。这就是提示每一位教练员必须重视推铅球技术各环节在结构上的完整性和节奏上的顺序性。

动作速度

动作速度是指快速完成某一个动作的速度（如滑步、旋转和最后用力的速度），各环节的动作速度是决定铅球飞行远度的主要因素。所以，从某种程度来说，动作速度是反映专项技术合理与否的主要指标。

动作速度的效益不能简单累加，连续地逐渐加快直至出手拨指时达到最高速是增加其效益的最基本原则。

动作方向

动作方向是指完成某一个动作的方向（如摆腿方向、推球方向等），各环节动作方向是决定动作实效性的主要因素。所以，从某种程度来说，动作方向是确保动作速度达到最佳推球效率的基本条件。

PART 7 技术战术

推铅球比赛技术战术

滑步技术

帕里·欧伯恩的滑步技术现已在全球范围内被广泛使用。大多数的投掷者认为滑步技术相对于旋转技术要简单易行。铅球的世界纪录是 23. 13 米，由旋转技术使用者兰迪·巴恩斯所创造。女子铅球的世界纪录是 22. 606 米，由俄罗斯的纳塔拉·里索夫斯卡亚所创造，而她是一位采用滑步技术的运动员。世界上使用滑步技术而投掷最远的运动员是民主德国的伍尔夫·提摩门，他掷出 23. 12 米。米歇尔·卡特曾在高中的一次正式比赛中采用滑步技术投掷 5. 4 公斤铅球，他的成绩达到了 24. 77 米。通常，我们认为强壮的投掷者更适合滑步技术，而矮小健壮有力的投掷运动员最好采用旋转技术。

握球和持球

握法：握球的手要五指自然分开，将球放在食指、中指、无名指的指根处，拇指和小指贴在球的两侧。为维持铅球的稳定性，初级运动员可把铅球更靠近指根处，高水平运动员可将球适当向手指上方移，以利于发挥手指的拨球力量。托好球后，手腕自然背屈，铅球的重心固定在食、中指的指根或第二指骨处。

手握铅球

持球站立：握好球后，将球放置在右颈部锁骨窝处，球体紧贴颈部，右臂屈肘，自然外展，掌心向外，上臂与身体夹角约成 45 度；运动员背对投掷方向，右脚尖紧贴投掷圈后端内沿站立，体重均衡地落在右腿上；左脚脚尖触地，位于体后约 20～30 厘米处，左腿呈放松状态；躯干和头部保持正直，髋向上略有提升，目视前方，注意力集中于将要开始的起动动作；左臂自然上举，或者由肩上转向胸前，保持身体的扭紧，维持身体平衡。

预备动作要领

预备动作是运动员进入滑步状态前的身体姿态调节过程，对铅球运行距离的长短起着重要的作用，也为顺利地进行滑步创造条件。

常见的有以下三种方法：

方法一：由低姿状态开始的预备动作。持球站立好以后，上体前俯约与地面平行，两腿弯曲，身体重心落于右腿上，左腿后伸以脚尖点地，左臂自然下垂，两眼目视前下方，将球臂肘部自然下垂，部分上体在空间探出体外，待姿态稳定后，顺势向后摆动左腿开始滑步。

从动作上看，运动员由下蹲状态进入滑步，铅球处于较低部位，身体由平衡状态开始，比较利于稳定重心，但是采用这种开始姿势需要运动员具有强大的腿部力量，才能发挥滑步的特有效果，因此只有少数优秀运动员采用这种预备姿势。

方法二：姿势是从较高的姿态开始运动。运动员持球站立好以后，采用平稳从容的动作，上体逐渐前倾，当躯干接近水平位置的同时，左腿向后上方抬起，右腿膝关节微屈，体重均匀地分布在整个右脚掌，头部和躯干位置关系没有变化。伴随着左腿的回收，右腿的髋、膝关节主动弯曲，身体各部分都向右腿一侧靠拢，运动员呈“团身”状态。并且髋部略向投掷方向移动，为进入滑步阶段做好准备。

铅球运动员使出了全部力气掷球

这种高姿态预备动作的优越性在于滑步开始时，右腿肌肉发力较为容易，身体重，腰起伏较小，完成最后用力比较自然。许多优秀运动员采用这种预备动作。

方法三：姿势与前面所介绍的两种方法有所不同。运动员持球站稳后，从容不迫地向前屈体，同时左腿向后伸展，左臂保持平伸。上体前屈至接近与地面水平时，从侧面看，整个身体形成一个“T”字形。待稳定后，顺势做团身动作。上体有节奏地加深前俯。约与地面平行，与此同时，左腿屈膝靠近右膝，左臂稍下垂，身体重心向投掷方向移送，接着利用“团身”的反弹，左腿向后摆出，开始滑步。

这种预备动作基本上集中了前两种姿势的优点，便于运动员集中注意力，稳定情绪，取得平衡，更利于发挥躯干及上肢的力量，所以多被优秀运动员采用。

运动员投掷瞬间

在现代竞技比赛中，也有许多运动员在完成预备“团身”动作时，加大躯干的扭转程度，把左肩扭至右膝前上方，更加充分地拉长躯干肌群的长度，以便发挥更大的力量。因此说无论运动员采用哪种预备姿势，都必须结合本人特点与习惯，使他的优势得到充分的发挥。

1. 投掷准备

站在投掷圈内，双脚分开齐肩宽。身体重心的60%落在右脚上，40%落在左脚上。右脚放在投掷圈的圆心附近，面向9点钟方向，而左脚靠近抵趾板。

大拇指放平，四指将铅球扣在颈部，将双肩转向投掷圈后侧，使头部与放在投掷圈前端的左脚大致形成一条直线。左臂放松，随着身体摆动而伸出，离开体侧。这便是全部的投掷准备。无论使用什么样的铅球，也无论采用旋转技术或滑步技术，铅球出手前的投掷准备基本如此，原地推铅球阐明了一切。

2. 投掷出手

从投掷准备开始，第一个动作来自右脚。推动脚后跟，向投掷方向转膝，展开扭曲的身体。这种身体上有力的展开、提拉、推送将身体的中心线从臀部、胸部、肩膀，最后转移到手臂、手腕、手。此时，器材得到来自旋转、直线和垂直方向力量的叠加。位于抵趾板的制动左腿在力量向前、向上转移的过程中尽量不要加力。制动一侧腿抑制住身体的旋转，这样将全部力作用到器械上，推出铅球。

右腿带动臀部转动，转向左腿，带动肩膀和铅球。因为在推掷铅球前身体呈扭曲状，右膝旋转的同时带动左臂甩开。当左臂甩至胸部平行线位置时，它随着胸部转动，就好像用左臂去推开一扇门。当身体转至投掷方向时，左臂停止或阻止肩部进一步的旋转。想象在抵趾板上左侧树立一个杆子，左手握杆，推铅球时将左侧上半身紧紧锁在固定的位置上。投掷过程中，头部向后甩至一个固定的位置上，将动力全部作用于铅球上。推掷铅球时，由双腿完成身体的提拉、蹬转。

3. 跟进动作

原地推铅球有两个完成方式：原地正面推球以及原地侧面推球。原地正面推球需要双脚摆放准确，因此需首先掌握平衡技术。出手时，双脚重心转移，右脚移向抵趾板，同时左腿后蹬并保持住身体平衡，这就是原地正面推球。而原地侧面推球在出手时需要双腿跳起交换，在右侧身体向前、向上、旋转带动左侧身体时，铅球顺势出手，此时能够将动力最大程度地作用于铅球上。右脚靠着抵趾板，为保持身体平衡，左腿后抬，伸向投掷圈圆心。

滑步技术的配合

滑步是指在直径2.135米的投掷圈内，同原地推球相比能够产生更多动力的有效快速移动，这种移动能够将更大的动力作用于铅球上，并能将铅球推得更远。开始练习滑步时，背对投掷方向。将身体重心放在位于投掷圈后面的右腿/右脚上，脚尖对着12点方向，或者远离落地区的地方。可直立或身体前屈。

推荐应用身体前屈的准备姿势，因为这样可以降低身体重心，推铅球时便可更好地保持身体平衡。左臂悬垂，左腿弯曲，脚尖触到投掷圈。

滑步过程是推铅球技术的重要组成部分。滑步的目的是使铅球获得尽可能大的水平移动速度，并为最后用力创造良好的用力条件。滑步动作是以左腿向抵趾板方向的摆动开始的。整个过程包括左腿与右腿的摆、蹬配合以及形成最后用力前的预备姿势。

（1）左腿摆动的两种方法

方法一：以左大腿向后上方摆出，配合右腿蹬伸，带动身体滑行。它的特点是动作幅度大，特别在左腿摆至后上方时，给右腿的压力减小，便于蹬伸右腿，同时能较好地控制身体起伏，增大水平速度，给快速收、拉右腿创造了条件。但是，因为动作时间长，造成左脚落地较晚，双支撑的过渡阶段容易降低速度。初学者多采用这种方法，优秀运动员很少采用。

方法二：左大腿向后伸出，小腿直接向抵趾板插去。这种方法动作幅度小，双脚落地速度快，可以缩短滑步与推球之间过渡的时间。但是在收右小腿动作上比第一种方法困难一些，要求运动员的右腿具有较强的肌肉力量，因此这种方法多为身体素质好的优秀运动员所采用。

（2）右脚蹬离地面的两种方法

方法一：踵式滑步。踵式滑步开始时，支撑地面的右腿由前脚掌向后滚动，最后以脚跟蹬离地面，右腿呈伸直状态。这种滑步方法适用于腿部有力、动作灵活者，而且脚在蹬离地面时与地面形成的蹬地角小，能更好地控制身体的起伏，容易发挥水平和速度。踵式滑法与掌式滑法相比，速度稍慢，收小腿动作困难，为多数优秀运动员采用。

2009 年世界田径锦标赛美国名将坎特维尔夺金牌

方法二：掌式滑步。掌式滑步方法是以支撑腿前脚掌自然蹬离地面的方法。右腿不充分伸直。蹬地角度比踵式方法的蹬地角度大，重心较高，便于收小腿。整个动作简单、省力、容易掌握，但蹬地力量相对小些。为部分身体高大的优秀运动员采用，初学者和中级运动员多采用这种滑步方法。

（3）滑步过程的蹬、摆配合技术

运动员在完成预备动作后，当左腿摆动进后半段，右腿压力减小，立即配合右腿的蹬伸。带动上体向圆心移动，并在右腿几乎伸直同时，右脚迅速蹬离地面，收拉右小腿，右脚内转约 90 度落在圆心附近。与此同时，左小腿积极向抵趾板方向插去，脚稍外展落在抵趾板内沿 15 厘米处，左脚尖与右脚跟约在一条直线上。

滑步过程中，左臂始终微屈在右胸前方，它可以控制上体继续保持滑步姿势，帮助上体与下肢之间的扭紧，同时还为最后用力时上体向投掷方向转动，起协助作用。

（4）最后用力前的技术

滑步即将结束时，上体稍抬起。由于左腿后摆、左脚外展落地，左髋也被带动向左转动，这时两脚连线与髋轴几乎在同一垂面，与肩轴则扭转成 90 度，预先拉长了躯干及下肢肌群。此时右腿弯曲约 90 度，承担大部分体重。铅球处于右膝上方外侧。运动员形成用力推球前的预备姿势。

滑步技术的好坏，直接关系到运动员最后用力的效果，影响运动成绩。滑步技术掌握较好的运动员，比原地推球的成绩远。决定滑步效果的主要因素：一是左腿摆动的力量、速度和方向；二是右腿蹬地的力量、速度和角度；三是蹬摆配合。右腿蹬地后快速收腿和左腿摆动后的积极下落，不仅直接决定滑步速度的快慢，而且是完成“超越器械”

动作的关键，保证滑步后能迅速连贯地转入最后用力阶段。

向投掷圈中心移动

铅球滑步技术在后移动并转向6点钟方向时，身体平衡由单腿支撑保持。在投掷圈内向后移动的过程中涉及到以下四种技术：

（1）重心转移。

（2）抬肩。

（3）右腿动作。

（4）左腿动作。

为了更好地产生动力并将其作用于铅球，所有的动作需要保持一定的节奏，并按照相应的顺序完成。

重心转移是用于铅球项目的术语，指转移身体重心（将身体从一处转至另一处）。以身体前屈的准备姿势启动有节奏地运动，先将左腿抬起、放下，向右腿方向收拉。在左腿伸至最远端时（几乎与右腿平行）开始身体重心转移的过程。

重心转移是将身体重心从投掷圈后端右脚的平衡状态（支撑点）通过身体后坐转至右脚脚后跟。在开始滑步之前，体会向投掷方向“坐”的感觉。右脚脚后跟后移的距离越大，身体重心转移得越快，就可避免身体后倒。过分地转移身体重心容易摔倒，转移不充分则不能产生最大的动能。在成功使用最大动力进行投掷之前，需进行反复练习、摸索，以确定动作的最佳速度。将身体重心从脚前端转移至脚后跟时，需要将臀部向后下方移动，肩部微微抬起，然后右腿快速蹬伸带动身体至投掷圈中心。右腿蹬地的瞬间，用力将左腿蹬摆向抵趾板，像做双腿劈叉。如果后摆动作的时机准确，可增加投掷的动能，使臀部保持在上身前方，这样便可确保在做投掷准备时双脚同时到位。

落在投掷准备位

当右脚在空中从开始位置移动至投掷准备位时，顺投掷方向尽力转动右脚90度，甚至转至9点钟方向。落地时，身体应该呈一条直线，从头到躯干，再到抵趾板边的左脚。落地时，60%～70%的身体重心落在投掷圈中心的右脚。这之后便是投掷准备，注意脚一旦触及投掷圈中心便可开始旋转。

1. 蓄力阶段

运动员最后蓄力的瞬间

滑步结束，左脚落地瞬间，右脚及右膝继续向投掷方向转动并积极蹬伸，同时配合左腿有力的支撑，阻止身体水平前移，把力量传导至髋部，使右髋向前——向上送出，骨盆围绕身体纵轴做转动。原来向后扭紧的上体，由于挺转髋的带动，和左臂一起也随着向左上方转动，前俯的上体逐渐抬起，此时肩轴仍落后髋轴，运动员身体形成“侧弓状”，预先拉长的工作肌群成待发之势，为最后用力推球做好了身体和技术上的准备。这时运动员的身体重心位置在两腿之间，为进入下阶段的推球创造了条件。

2. 加速推球阶段

躯干形成“侧弓”后，右体侧以右髋为主导继续向前转动。由下肢产生的力则继续向上传导，使运动员胸部对准投掷方向，在由左臂做出的向斜上方再向斜下方急振动作的自然引导下，躯干绕右髋水平轴做“鞭打”动作。急振同时，右肩高于左肩。在伸臂推球前，运动员体重大部分已由两脚之间移至左腿，左腿配合推球动作，积极向上蹬伸，起强有力的制动支撑作用，帮助重心上升，提高出手点，并加长躯干及手臂向前用力距离，提高出手速度，增强了“鞭打”效果。“鞭打”动作到达高峰时机，右臂在肘关节处做有力的伸展，手腕内转屈腕，手指在离球瞬间有弹性地拨动球体，将铅球向前上方推出，完成用力推球的全过程。

铅球出手瞬间

在完成最后用力的过程中，头的位置及视线也是十分重要的。优秀运动员在做躯干“鞭打”时，直到最后才将头部转向投掷方向，两眼目视前上方，帮助控制正确用力的方向，同时对过早抬起上体起限制作用。

最后用力动作是否正确直接关系到出手速度、出手高度和出手角度，影响器械飞行的远度。因此要求运动员在完成最后用力的动作时，要充分利用滑步阶段所获得的速度，不停顿，保证正确的用力顺序，动作连贯、不脱节，形成牢固的左侧支撑，发挥躯干“鞭打”动作效果，保证最后用力的顺利完成。

出手动作

铅球的出手动作是推，而不是抛。投抛出手动作通常由肘部带动手腕、手，然后出手，而推的出手动作是由手腕、手开始，然后才是肘部。在铅球项目规则里，出手时铅球必须放在肩膀靠颈部处，这就决定抛铅球不仅困难，而且违规。铅球出手时，大拇指向下，手臂由内向外打开。

在铅球即将离手刹那，优秀运动员能够做到继续向前加速，向投掷方向伸展全身，以加长有效的用力距离；获得更好的推球效果。因此维持身体平衡技术在完整的推铅球技术中占比较重要的地位。

推铅球时身体抬起和出手的角度取决于身体机能，包括腿和臀部的提拉，上半身扭转和臀部收缩，以及肩、手臂、手的伸展角度。全身用力的目标就是准确地推出铅球。主要为胸上部、甩开的手臂、手、手指必须用力，并有控制地将动力作用于器械。

一般来讲，器械出手后，右腿随势前摆，运动员积极变换支撑腿，将右脚踏于左脚附近，左腿后摆，右腿承担全部体重，并降低重心，保持身体的平衡，防止犯规。

跟进（转换/过渡）动作

滑步的跟进动作取决于运动员以及运动员的滑步方式。滑步有两种主要的出手和跟进方式，即正面和侧面。正面的出手很简单。通过滑步在投掷圈内累积的动力与固定的身体左侧相对抗，在左腿、肩和手臂被阻挡的情况下将铅球出手。为保持身体平衡，也许会跟着一小步，但双脚尤其是左脚，在铅球出手后仍然保持与地面接触。设想一下正面的滑步，人的身体如同在门左侧安装铰链，当铅球推出，门右侧合上门框，左侧则似铰链，附在门框上，动能转移至铅球上。

侧面滑步则是指铅球出手时通过左侧身体转动将滑步产生的动能转移至铅球上。铅球出手后左腿用力抬升的结果是身体随之转动，甚至跳离地面。在身体转向投掷方向时，旋转带动身体右侧转向抵趾板，为保持身体平衡，左腿向投掷圈方向后抬。为保持身体平衡，右脚的脚后跟最好落在抵趾板旁，因为如果身体这个杠杆发生外延，动能就不能转至铅球。侧面推掷铅球是因为身体右侧旋转激烈，带动左侧身体运动。

旋转技术

每个运动项目的每项技术都有其优点和缺点。旋转技术比其他技术优越之处在于投掷者和铅球在投掷圈内移动距离更大，因此投掷时有可能产生比滑步更快的投掷速度。它也更可能有效运用身体的杠杆作用，在投掷圈内给身体和铅球加速。

该技术的缺点是：

（1）铅球的投掷圈比铁饼的要小，转身动作必须收紧。

（2）铁饼投掷出手后投掷手臂伸展，可以很好地平衡身体的其他部分，而铅球必须放在肩颈部，即旋转中心，所以很难维持身体的平衡。

（3）滑步技术或其他技术的基本动作相对简单，而旋转技术包含更多的动作和身体移动，因此对投掷者的平衡能力和身体控制能力要求更高。尽管如此，无论是对旋转中的身体而言，还是对铅球本身而言，旋转技术确能让投掷者在投掷准备前拥有更快的速度。一旦控制好速度并将其导入投掷中，就可投掷得更远。

我们都知道，每个人都有自己的优缺点。这也是为什么不同的投掷者动作各不相同。不考虑个体差异，旋转技术的动作基本相同：在直径2.135米的投掷圈内旋转540度，以合适的出手角度和高度，用最快速度将铅球推出。世界顶级铅球运动员的身高从1.8米至2米不等，他们根据自己的身高和体型采用不同的旋转技术。相对于其他铅球技术，使用旋转技术的投掷者移动的距离远很多，因此动作中动力转移和身体平衡是成功与否的关键。某项技术环节的差异性越大，动作的差异程度就越大。换句话说，铅球的旋转技术很重要的一点就是动作越简单越好，因为最基本的技术动作其实也很复杂。

推球和持球

旋转推铅球的握球方法与背向滑步推铅球的握球方法相同。即四指放在铅球上，大拇指自然展开，撑住球。将铅球放在肩胛骨舒适的位置上，用下颌紧紧扣住。很多使用旋转技术的选手虽然持球动作各不相同，但投掷成绩都很优秀。因此，持球的最佳位置就是能让铅球推得最远的位置。

因为旋转式推铅球在加速过程中，离心力较大，因此持球时需要抬肘，把铅球紧贴在锁骨窝处，以防止脱落。

准备姿势

双脚分开跨投掷圈后端线中点，或左脚踩中线。即左脚放中线（脚尖12点钟方向，脚后跟6点钟方向），投掷者可从左脚位置直接开始启动，围绕中线旋转，以中线为轴将铅球推出。如此推铅球，投掷者在投掷圈内积聚动能的效率极高。双脚分开，距离比肩略宽。旋转之前身体重心下移，下蹲坐双腿上，保持平衡。

铅球运动员旋转推球中

运动员在做预备动作时，上体左右转动，右转时幅度较大，保证拉紧躯干肌群，重心大部分移至支撑腿右腿，以便于旋转。

从首个双脚支撑到首个单脚支撑移动阶段

牢记双腿微屈的平衡坐姿。开始投掷时注意动作要有节奏感，要对投掷的节奏十分敏感，不可太机械。旋转技术就是将身体躯干部分按顺时针方向扭转。初学者可旋转幅度小些，将身体重心主要放在左腿上。

很多人认为身体重心应保持在两腿之间的中线上，并以此为轴向后旋转运动。而一些优秀投掷者则认为应将身体重心的大部分落在右腿上（即身体重心轴线在身体右侧），然后将身体甩向左侧，以此产生动力优势。如果投掷者这样做动作，动力便会增加。然而，初学者往往为了追求推得远而不去关注动作的每个细节，因为这些动作需要复杂的衔接、配合。

向后旋转推铅球的动作可以先从右侧向左侧推重物开始（保持肩膀水平），在慢慢转动左脚的同时，向左移动身体重心，转向投掷方向。这时身体重心落在脚掌上，在左脚继续转动身体时略抬左脚的脚后跟。身体重心转移至左脚后，右脚离地时左腿支撑身体重量（保持身体姿势）。完成此动作时，可以从身前开始挥摆左臂，以控制身体不提前向后倾斜。动作开始阶段，左臂和左大腿同步旋转。当右腿提起时，该双脚支撑阶段告一段落。

从投掷圈后部启动

动作完成到这一步时，用左腿保持身体的动力平衡变得十分重要。在投掷圈内开始启动时，注意通过左腿控制身体重心，完成身体的移动。右脚抬起时，在左膝从右侧旋转至投掷方向时拖延摆动右腿，右大腿抬高，膝关节弯曲，右侧小腿与地面平行，半悬空中，而大腿肌肉拉直，上半身移至右腿前方。

当肌肉拉伸时，右腿向左侧下方摆动，类似足球运动员的踢扫动作，逐步追赶并超过已靠前的上半身及右臂。当右腿超过左腿位，左腿将身体带动呈低起跳位（起跳阶段），右腿略微提起。一般投掷者不会推迟右腿摆动，他们在高抬右腿的瞬间迅速摆腿，右腿（右脚）带动臀部，从起始位至投掷圈中部的发力位。是否移动右腿都无所谓，只要右腿围绕左腿摆动，便可产生一定的摆动动能，增加可作用于铅球的身体总动力。

空中阶段和二次单脚支撑阶段

当左腿摆离投掷圈地面（空中阶段），身体形成必要的扭曲，手臂、躯干、臀部和大腿互相扭转。左臂围绕左侧身体摆动，并落后于左侧身体，位于3点至5点钟摆动。此时上半身与下半身呈最大扭紧状态。扭紧的整个过程从空中阶段开始直至右脚落地（第二次单腿支撑），而身体最大扭紧出现在左脚落地之前（二次双脚支撑）。

2002年美国铅球冠军亚当·尼尔森所采用的投掷技术便是以左侧身体为轴，大幅摆动右腿（如前所提及），然后用力将左腿带至抵趾板。当左脚离地（空中阶段），左腿抬至高位环状，并以右腿为轴，半弯曲于空中摆动。同低位从11:30至5:30时间进行摆动相比，左腿的环状摆动显然能够产生更大的动能。当左腿逆时针方向摆动时，右臂和右肩则与下半身相反，按顺时针方向摆动。这些反向运动使大腿、躯干和肩部的肌肉得到极大的拉伸，即扭紧。如果这种身体运动不影响运动节奏和能量转移，它便能在很大程度上增加提高投掷水平的可能性。但是，绝大多数的世界顶级投掷运动员还是采用传统投掷技术。

右脚着地旋转

右脚在投掷圈中心着地，脚尖指向1点钟和4点钟之间的方向。在这个位置落脚后，以其为中枢，开始进行投掷前长距离的旋转。旋转要快，等旋转完毕投掷出手时，脚尖应该指向9点钟方向。很多初学者会从投掷圈后部跳起，落地后呈投掷准备姿势（脚尖指向10点钟方向），减少或干脆不使用右脚脚掌作为中枢进行旋转。这种动作，被称为投掷后挫，是因为左脚旋转太大（即旋转过度）。因此，同正确动作相比，左脚不能产生大的、向前的投掷动力。保持左腿弯曲，从投掷圈中的起跳位，迅速落到中线偏左靠近抵趾板的位置，大约6点钟方向。臀部则随着投掷动作而旋转。

旋转开始时，上体利用躯干反扭紧的动量向左转动，左脚提踵，左膝外展，右腿蹬伸，身体重心逐渐移向弯曲的左腿，并且以左脚掌为轴，向投掷方向转动（有的运动员采用以左脚跟向前脚掌滚动的转动方法）。

由于离心作用，身体向左倾斜，形成一个以左肩、左膝为中线的左侧转动轴。右脚蹬离地面后，右腿微屈围绕左腿向投掷方向做弧形摆动，上体将转到面对投掷方向时，右腿屈膝向投掷方向迈出，以加大转动惯量，给身体进行快速转动创造条件。随后左脚顺势蹬离地面，右脚前跨，并以右脚前脚掌落在圆心附近，承担全部体重。这个过程几乎没有腾空。右脚落地后继续转动，左脚立刻外展后向投掷圈的左前部分插出。这时运动员的身体重心仍保持在弯曲的右腿上。由于下肢快速形成的双支撑，使落后的上体向投掷反方向倾斜与扭紧，形成超越器械的动作。

运动员飞快地转体

在旋转动作中，因为球重，离心力大，右臂、右手需要牢固地控制铅球，头保持正直，眼向前看。为配合右臂保持平衡，左臂稍向侧前方抬起，帮助躯干形成最大扭紧状态，为最后转体用力提供最有利的条件。

最后用力技术与背向滑步推球技术区别不大。旋转推球要求运动员更多地利用转体的动量，投掷臂准确、及时地完成推球动作。

投掷出手

除极少数投掷运动员外，大多数的铅球手采用窄幅投掷准备姿势。

投掷准备姿势时，双脚分开，不能超过肩宽（即双脚外侧的宽度不能超过双肩）。窄幅准备姿势非常合理。如果运动员不能按照要求着地旋转，旋转出手的铅球手遇到的最大问题就是投掷铅球看起来就像是使用滑步技术的运动员，只不过右脚到左脚的动作更线性，过程拉长。

使用旋转技术的运动员必须寻求一种提升并旋转的动作方式作为其动力来源。它不仅可以极大地提高动力，也能让运动员留在投掷圈内。7 英尺（2. 135 米）的投掷圈也许抑制了某些力量型运动员从投掷圈后端发力投掷。但如果站在投掷圈中心稍后处，采用收紧准备姿势，重心向后倒向右腿，然后通过右脚着地旋转，运动员可向上产生爆发力，在窄幅扭转情况下投掷得更远。

投掷出手前抬头，抬起下巴。左脚在抵趾板附近落地前，摆动左臂。逆时针方向转身投掷时，将左臂从 10 点钟方向摆动至 4 点钟和 5 点钟之间，并停下，同时停住转动的双肩，尽力将一部分动力转移至投掷臂。

跟进动作

旋转技术的基本原理就是在蹬伸和旋转中投掷，这就意味着旋转投掷中扭转必不可少。扭转虽然谈得很多，但在投掷中却很少被完全理解。运动员做扭转动作时，要尽力自然，作为投掷时蹬伸和旋转力的结果。对那些扭转动作不自然的运动员，指导起来有些麻烦。不过，使用旋转技术时，投掷结束后的跟进动作，需要保持必要的身体平衡。大多数的旋转铅球投掷运动员在完成投掷动作后都会双脚离开地面，有的甚至离地很高。

在双脚离开地面时，左腿向后甩，右腿向前，单脚落地，抵住抵趾板。如何控制身体平衡，单脚落地后不犯规，解决办法很多。下面我们介绍一个控制身体而不犯规的实用方法。

（1）右脚着地，脚尖指向与投掷方向相垂直的方向，即 3 点钟方向。脚底整个着地，而不是用脚掌着地。这样可以达到减速保持身体平衡的目的。

（2）脚落地时，伸展身体，右腿膝盖向外锁住，右肩和右臂抬高，使身体重心上移，这样在投掷过程中能量可以得到持续转移。

（3）左腿向后甩至投掷圈后端，并带动左臂后摆。这样身体杠杆拉长，保持身体平衡，为最后的收尾做好准备。

出手后维持身体平衡

铅球出手以后，在转动惯性的影响下，身体继续向左转动，犯规的可能性减小，但也要求运动员及时采用换步和降低身体重心来减缓冲力，以维持身体平衡。

旋转推铅球技术虽然具备如下优点：动作连贯、舒展；加速路线长；转动动量大可以快速将球推出，右臂、右肩用力程度较小；推球前身体最大程度地扭紧，便于发挥躯干力量等。但旋转推球也有不足之处：铅球质量大，旋转过程中离心力大，难以控制，难以发挥正确的最后用力技术，会影响投掷远度；技术难度大，不易保持平衡，并且在出手瞬间身体不宜发挥垂直速度，易产生减速或停顿。

技术练习

世界顶级投掷运动员能在一秒钟内完成整个滑步动作。因此，投掷变成一种反应，一个不需要动脑筋思考就可以完成的运动模式。反复练习一些简单动作对建立运动模式非常重要。推铅球动作完成在咫尺之间，因此很有必要把每个动作要领剥离开，分别练习，然后组合成为一个完整、正确的技术动作。

滑步技术的练习

下列练习对掌握滑步技术十分有益。

原地正面推铅球练习：原地正面推铅球练习可以分解成三步练习，针对投掷的左侧，注意投掷时锁住身体。原地正面推铅球练习是第一步，将双脚平放，顶住抵趾板，面向投掷区。双膝放松，稍稍弯曲。铅球放在颈部常规处，将身体尽量向后扭转，脚掌着地，掌握身体平衡。如果不扭转身体，准备姿势同前，右脚旋转内扣，臀部带动上身扭转。锁住的左侧身体不动，只是下压，沿左踝，通过膝关节、臀部和肩部，形成一条直线。左臂和左手如上所述锁住，并在投掷铅球时保持住。

原地正面推铅球练习的第二步是将右脚向投掷圈中心后移 12 ~ 18 英寸（30 ~ 46 厘米），并重复第一步的动作。使用稍大力量并加大臀部动作幅度，但要注意将左侧身体锁住。

原地正面推铅球练习的第三步是右脚向投掷圈中心部位再后移 12 英寸（32 厘米），用更大的力量和更大幅度的动作重复该动作。重复每个步骤 3 ~ 4 次。

原地侧向推铅球练习：原地侧向推铅球练习通过锁住左腿，运用线性力，消除原地正面推铅球动作中大多数的旋转力。双脚呈标准准备姿势：左脚抵住抵趾板，右脚放在投掷圈中部。将身体重心转移至身体右侧，右膝稍稍弯曲以便受力，而左膝则做震动准备。上身不要向后旋转，而是与投掷区呈垂直状。类似原地正面推铅球的技术要领开始投掷：向内旋转右侧身体，右脚以脚掌为轴，脚跟向外提拉，同时将身体重心转移至身体左侧。

这个动作完成了从脚踝到肩部、再将双肩转向投掷区的线性力，其间注意锁住左侧身体。出手点就是左腿位于最高位时。除非需要保持身体平衡，否则不要出现转体动作。

静力练习：静力练习从投掷圈后部启动，做好投掷准备，并保持原地正面推铅球的姿势，该练习其实就是投掷准备姿势及身体平衡的检测练习。

对于运动员来说，这个练习就是体会动作是否正确的一种方法。而对于教练员来说，这个练习意味着放慢动作以检查运动员是否掌握投掷准备动作及身体平衡。开始时，静力练习应由教练员和运动员共同完成，运动员从中体会准确动作，教练员则可以就看到的问题进行指导和纠错。在教练员和运动员之间有了进一步的了解之后，此练习可逐渐改由运动员独立完成。当运动员在投掷圈中心停顿下来时，需要认真地分析原因。如果停顿是由于身体平衡问题而造成，此练习将明确问题所在。但如果运动员有停顿的习惯，该练习可能会加重这个不良习惯。

背向跨步推铅球练习：背向跨步推铅球练习指右侧身体从投掷圈后端移至中部，同时锁住左侧身体。开始练习的姿势如同原地投掷，右腿大跨步至投掷圈后端，右脚尖位于投掷圈后端与中心之间。从这个姿势开始发力，蹬右脚并离地，带动身体转动。在左侧身体基本不动的情况下，右脚落地转动 90 度。当右脚踩地时，右膝内扣，脚踝向外。继续向上推动身体，从臀部到右肩，再作用到铅球。继续这个向上转体动作直至铅球推出手。

背向滑步推铅球练习：该练习有两种不同的练习方法，都强调肩部维持扭转状态，右脚则滑动至投掷圈中部。对于喜欢尝试不同投掷方法的人来说，这个练习可以作为有效的替换练习，无论该运动员使用滑步还是旋转投掷法。

背向滑步的动作设计为：面向投掷圈后端，双脚分立，膝关节弯曲呈90度，双肩向膝关节处下倾。动作开始时，将身体重心向投掷圈中部转移，直至感觉身体失去平衡，仿佛要坐到椅子上。

此时，左脚向投掷圈中部与后端之间跨出一小步，同时将身体重心向前端移。左腿稍稍向上、向前跳，身体向投掷圈中部移动时带动右脚移动。当右脚落地后，旋转右脚，脚尖从起点位置转至9点钟方向。身体重心继续向投掷方向转移。但在开始投掷之前，身体重心更多地落在右脚上。身体呈最大扭转状。继续向内旋转右脚，随着重心转移，上提右臀，锁住左腿。这样爆发力通过双腿、臀部、身体躯干直至投掷臂，最后由投掷臂将铅球推出。

旋转技术练习

旋转技术对移动、平衡和速度的要求高，培养移动时身体平衡便是练习的关键。通过下列两个基本移动练习便可掌握旋转技术的全部技巧。

第一个练习属体操类，重点强调位置和时机，注意力放在身体姿势上。第二个练习重点培养各个阶段如何分配速度、力量和动能，以达到最佳投掷效果。注意，先形成相对固定的投掷姿势，然后再进行实际投掷，建立身体平衡和节奏。通过不断重复掌握技术要领，且细节十分重要。必要的话，给练习动作录像，以达到正确掌握技术动作的目的。

好的初学者会保留一定的速度。正确的技术概念十分重要，同时观看基本技术动作也很重要，不是简单地按自己的身体条件大致完成动作。在形成基本的动作技术之后，可根据自身条件把自己的技术个性化。

180度旋转练习

180度旋转练习可能有很多其他的名字，如力量转或轮转等。它强调在投掷圈中部以右腿为轴，做身体的平衡旋转。以基本的准备姿垫开始，右脚放在投掷圈中部，面对准备姿势位置180度方向。提起左脚，同时右脚以脚掌为轴旋转，在左脚落地的同时将身体完全转至正常的投掷准备姿势的位置上。转身的过程中，身体不能有向上、向下、向后或向前的附加动作，同时肩膀和臀部也要保持原来的姿势。

整个动作的完成是通过旋转右脚，推动脚后跟按逆时针方向旋转，同时带动右膝和臀部逆时针转动。由于右侧身体的转动，悬在空中的左腿和左脚也被带动。此时。便可完成原地侧面推铅球（单个180度旋转投掷）或接着另一个180度（多个180度旋转投掷）。

练习多个180度旋转投掷时，可在准备姿势位置上稍作停顿，坚持站姿是否正确，是否可以继续完成旋转动作。

这个练习的替换练习可在投掷圈外徒手完成，即徒手180度旋转。练习时，双肩与臀部呈直线。徒手先向前迈三步，至右脚即支撑脚蹬地，开始练习。这时向内旋转右脚和右腿，即逆时针方向旋转。同时抬左腿，向右腿后侧甩，转至准备姿势位置。在此位置停顿片刻，双肩向后，臀部与迈步方向平行，继续旋转至刚才的起点位置，准备下一个180度旋转。

南非旋转练习

该练习的目的是指导运动员如何在投掷圈内运用线性驱动力。首先，教练员和运动员确保脚步动作正确，双脚在12点钟与6点钟方向做直线转。该练习涉及到几乎所有的真实投掷动作。开始的四分之一转在此省略。此练习对掌握从单脚支撑开始的投掷节奏十分有益。

南非旋转练习开始位置：右脚站在投掷圈外12点之后的位置，左脚则站在12点位置上。以左腿为支撑腿，逆时针方向旋转身体，保持身体平衡。左腿转动同时带动右腿。左膝向投掷圈中心微屈内扣，如同起跑动作。这个动作与铁饼的南非旋转练习基本一致，只是投掷圈内的距离稍短。动力具有爆发性，右脚必须落地 12～18 英寸（30～46 厘米）之间，比铁饼投掷动作速度要快。右脚的落地位置应该是过投掷圈中心 8～12 英寸（20～30 厘米）。左脚则以右腿作为支撑腿进行摆动，并快速落在抵趾板附近，双脚距离靠近。投掷出手时双脚跳起并转动。

动作完成之后，左腿和臀部协助身体跳动，并锁住右侧身体，如同投掷出手之前锁住左臂。这个练习的开始位置可做一些调整，如右腿的位置、臀部和膝关节的弯曲度、右腿摆动幅度等。值得一提的是，该练习的目的是线性驱动力、节奏以及投掷的身体姿势。练习动作应与运动员希望达到的目标相一致。

360 度旋转练习

360 度旋转练习的目的是培养运动员在投掷圈后端旋转由双腿支撑变为单腿支撑的平衡性。它是介于南非旋转练习与完整的旋转技术之间的过渡练习，即旋转通过线性运动完成。旋转所需的身体平衡虽然没有被突出强调，但它的重要性毋庸置疑。该练习本身比较简单。

练习从投掷圈后端开始，身体重心均分在双脚上，双膝微屈。在肩部向右转动以获取动力之后，左脚脚尖做一个 360 度旋转，抬右腿以保持身体平衡，在完成旋转之后将其向后落在准备位置。转动时尽量保持肩部和臀部的高度不变，同时尽量保持肩部和臀部在同样的旋转方位，避免上身在双腿和臀部运动之前移动。设想伸展的左臂和微屈的左膝形成一条直线，旋转过程中，这条直线的长度保持不变。

360 度旋转练习的价值在于掌握如何在投掷圈后端旋转，同时保持合理的平衡姿势。它也能让运动员通过了解旋转的运动力学机制正确地完成动作。速度也是影响平衡的重要因素，因为部分运动员可以较快地完成动作，但不能慢于一定的速度。优秀运动员在整个旋转过程中保持双膝之间的距离不变。

有些因素会影响动作，包括左脚和左膝打开的方式、时机，为抬右腿而向左转移身体重心的力度，运动速度下降时完成旋转的方式等。当然，此练习有很多替换练习，包括重复练习将360度旋转与其他技术相结合，如南非旋转、全套技术旋转等。如果发现很难完成一个完整的360度旋转，那么可将这个动作拆分成两部分完成，甚至四个部分，直至掌握完整的动作。一旦掌握了360度旋转，你便能掌握正确的平衡线性动力的动作及完成时机。

推铅球技术特点

背向滑步技术

传统背向滑步推铅球技术是美国运动员奥布莱茵·帕里首先采用的，包括在此技术上发展的背向滑步转体推球方法。运动员采用直线向后的滑步形式，身体重心处于平稳状态，保证了滑步速度的提高，增加了最后用力的工作距离，有利于发挥转体力量，属于“侧弓形”与“反弓形”的综合用力技术。其内在的特征是对身体素质要求较均衡。适合身体运动环节个体特征不突出的运动员选择。

短长步背向滑步技术

所谓“短长步”推铅球技术是指滑步距离短（30~40厘米），最后用力两脚间距相对较长（170~180厘米）的投掷技术。

它是由前民主德国运动员创造的。“短长步”推铅球技术是在传统背向滑步推铅球技术基础上产生的。首先采用这种技术的运动员是布列泽尼克，采用此技术最成功的运动员是蒂默曼·沃尔卡，他们在实践中都取得了很好的成绩。

其主要动作是滑步结束右脚着地后即能产生出推髋侧移的用力条件并促使左脚尽快着地，形成左腿在牢固支撑条件下与躯干一起进行向前鞭打用力动作。这种技术要求运动员的右腿必须具有较快进入蹬伸的能力，否则两腿站位较宽很难做出有效的投掷动作。其外在动作表现为“侧弓形”用力明显：“反弓形”用力相对不明显，更强调“蹬”的意识，而“转”则是被动进行的。

旋转预加速技术

这种推球技术的典型代表是美国优秀运动员奥尔费德，成绩达到22.68 米。采用这种技术的预加速方式是旋转，在最后用力阶段无论从动作结构还是从方法上更强调转动因素。由于使用这种方法有较大的转动惯性，对运动员的身体素质、技术水平以及身体控制能力等方面都有较高的要求，因此选择采用这种技术的运动员并不普遍，选用时常常比较慎重。

赛前训练

赛前训练是运动员训练计划的组成部分，对保证运动员竞技状态高峰出现在重大比赛时，科学、系统、有效的赛前训练至关重要。

赛前训练的主要任务

赛前训练是比赛的专门准与训练阶段，其时间长短、目标设置、训练结构与具体安排，受多年和全年训练的制约。根据比赛的种类我们可以对赛前训练的时间作以下确定。

一般性的比赛和测试：其目的是为了促进训练质量的提高和检查训练效果，发现训练存在问题，其特点是比赛为训练服务。一般参加这种比赛及测试赛不需要做专门的赛前准备。

专门阶段性比赛：这类比赛是一个阶段训练结束后专门安排进行的。它是一年内参加次数最多而又稍微有准备和要求的比赛。要求运动员逐步表现出最高训练水平，锻炼比赛能力或为重大比赛做好准备。这类比赛一般都有专门的赛前训练阶段和不同程度的准备，但时间不宜过长，大致1~2周的时间。

重大比赛：在全年或多年训练计划中早已确定的最重要的比赛。如奥运会、世界田径锦标赛、田径世界杯赛、亚洲锦标赛、亚运会、全国运动会等，要求运动员在制定日期内表现出最佳竞技状态和取得最高成绩。这类比赛不仅需要专门的赛前准备阶段，而且赛前训练时间较长，一般进行时间为8~10周为宜，其中赛前最后两周为赛前直接准备阶段。制定赛前训练计划要与全年训练计划的要求相统一，更要与运动员前一段的训练相衔接，必须在对前段的训练工作做出正确判断的前提下，才可能使赛前训练计划的制定更合理、有效。赛前训练的运动负荷是保证运动员在比赛期达到最佳竞技状态的重要条件。

赛前训练负荷要根据运动员的训练水平和个人特点，因人而宜，不可用统一模式去要求。另外，在比赛前的周训练中，应该使运动员在训练后的当日即得到充分恢复。

铅球的战术技巧

（1）推铅球时手指，手腕用力不当（有时导致挫伤）

产生原因：推球时手指完全放松，手指、手腕力量较差，推球时用力过猛。

纠正方法：要求握球时手指有一定紧张程度；注意锻炼手指、手腕的力量；多用较轻的铅球进行练习，注意用力顺序。

（2）推铅球时肘关节下降，形成抛球

产生原因：持球臂肘部过低，滑步过程中或开始推球时，头部过早转向投掷方向。

纠正方法：注意持球时手臂的动作，多做正面推球，要求肘关节上抬（不高于肩），滑步和开始推球时（抬体阶段），两眼仍看前下方。

（3）滑步距离太短

产生原因：蹬地和摆腿力量不够，或结合不好，或拉收小腿不积极。

纠正方法：徒手或持球反复练习蹬摆动作结合；连续做拉收小腿的练习；在地上画出两脚落地标志，要求学生滑步后落在标志上。

（4）滑步时身体重心上下起伏大

产生原因：蹬地或摆腿过于向上；右腿未蹬直，过早收小腿。

纠正方法：滑步前身体重心先稍后移；左腿摆动时，要求触及后方（投掷方向）的标志物（标志物高度低于臀部）。

（5）滑步结束后不能保持投掷前的正确姿势，上体过早抬起，身体重心在两腿之间。

产生原因：右腿拉收动作不完善，一是收腿速度慢或跳起；二是收的距离短，未落在身体重心下面。此外滑步中左臂向左摆动或头向投掷方向转动，带动上体的移动；滑步时抬起上体，身体重心向投掷方向移动。

纠正方法：徒手或持球连续做收腿动作；教师在学生右侧（稍后）拉住学生的左手，或在背后压住上体，进行滑步练习。

（6）滑步后停顿

产生原因：左腿摆动过高，着地不积极；右腿力量弱，滑步后重心下降太大。

纠正方法：背对投掷方向，两脚左右开立，两腿弯曲，上体前倾，然后左脚后撤一步，积极着地后，右脚快速蹬地；持球滑步后结合右腿蹬地动作；加强腿部力量训练。

（7）推球时用不上腰背肌肉和下肢力量，单纯用手臂的力量。

产生原因：投掷臂过早用力，用力顺序不明确；身体各部分动作不协调；最后用力时姿势不正确，身体重心在两腿之间。

纠正方法：做好预备推球姿势，教师在前面抵住学生的右手，或者是教师在后面拉住学生的右手，要学生反复做蹬腿、抬体动作；学生做好预备姿势，教师在后用左手压住学生左肩，结合学生做蹬腿时，用右手推右髋向投掷方向转动；原地（正面或侧面）推球，利用下肢和上体鞭打动作将球顺势推出。

（8）推球时臀部后坐

产生原因：右腿蹬地不充分，髋部未能转至正对投掷方向；最后用力时两脚前后之间的距离过长；左脚制动大；怕出圈犯规。

纠正方法：教练员站在后面，两手扶在学生髋的两侧，推球时帮助转髋、送髋；徒手做最后用力练习，要求用右手触及前上方一定高度和远度的标志物。

（9）推球时身体向左侧倾倒

产生原因：左臂过分向左后方摆动；左脚的位置过于偏左，形成两脚左右的间隔过大，造成左侧支撑不稳。

纠正方法：先将左臂屈肘固定于体侧，做原地推球；右侧正前方固定标志物，原地推球时（也可徒手）按标志方向推出；地上画出两脚的位置，要求滑步后两脚落在标志上；背靠固定物体。徒手原地推球练习。

（10）推球时出手角度过低

产生原因：左脚支撑无力或膝关节弯曲；推球时低头或向右后下方

转动；推球动作慢。

纠正方法：在投掷前上方一定高度和远度处悬一标志物，要求推出去的球触及标志物；推过一定高度和远度的横杆（横杆和标志物的高度和远度根据学生的成绩而定）。

掷铁饼比赛技术战术

掷铁饼的基本技术

掷铁饼的技术动作分为握法、预备姿势和预摆、旋转、最后用力和维持身体平衡四个技术环节。

握法

大多数优秀投掷运动员的铁饼握法为五指并拢，食指与中指离得很近（间距不超过1/8 英寸），无名指与小指也离得很近，大约1/4 至1/2 英寸。大拇指与食指自然分开约1 英寸。

手与铁饼的接触点是关键。手指紧紧扣住铁饼，稍过远端指关节，拇指外侧靠铁饼。若想铁饼飞行良好，需轻度或中度力量按压铁饼。仔细观察优秀投掷运动员的握饼手形为爪形。从拇指、食指、中指到小指和手掌肉

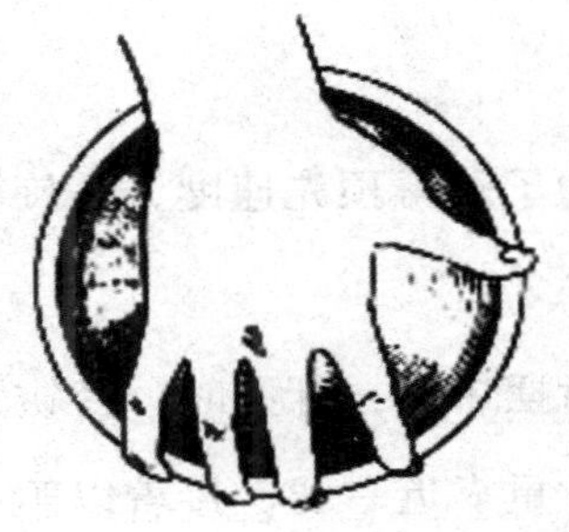

握饼方法示意图

接触铁饼，而非掌心或手的其他部位。

有经验的投掷运动员将手放在铁饼后端2/3处。以此方式手握铁饼并将铁饼掷出的出手动作可最大程度地将动能转移至铁饼，使其飞出完美的轨迹。好的飞行轨迹和动能转换来源于出手动作中作用力和移动控制的巧妙结合。

预备姿势

背对投掷方向，两脚左右开立约一肩半，站于圈内靠后沿处的投掷中线两侧。两脚平行开立或左脚稍后，持饼臂自然下垂于体侧，眼平视正前方。

投掷前的准备：如果投掷前设想自己将完成一次完美的投掷，您将受益匪浅，尤其在比赛中。这个心理准备可以在进入投掷圈之前或刚进投掷圈时完成。一定要培养一个投掷前准备的良好习惯。投掷前的准备包括下列几点：

（1）放松地设想一下铁饼的飞行轨迹。

（2）小心进入投掷圈，注意脚的位置。

（3）有节奏地预摆。

（4）通过摆臂以带动身体的动作要领。

预摆

预摆是为了获得预先速度，为旋转创造有利条件。目前常见的预摆有两种。

左上右后摆饼法：开始时，持饼臂在体侧前后自然摆动，当铁饼摆到体后时，体重靠近右腿，接着以躯干带动持饼臂向左上方摆起，当铁饼摆到左上方时，左手在下托饼，体重靠近左腿，上体稍左转。回摆时，躯干带动持饼臂将铁饼摆到身体右后方，身体向右扭紧，体重处于右腿上，上体稍前倾，左臂自然微屈于胸前，眼平视，头随上体的转动而转动。

身体前后摆饼法：开始时，持饼臂在体侧前后自然摆动，当铁饼摆向体前左方时，手掌逐渐向上翻转，右肩稍前倾，体重靠近左腿。铁饼回摆到体后时，手掌逐渐翻转向下，体重由左向右移动，上体向右后方充分转动，使身体扭转拉紧。这种方法动作放松，幅度大。目前大多数优秀选手都采用这种预摆方式。

旋转

预摆结束后，弯屈的右腿蹬地，上体向左转动，同时左膝外展，体重由右脚向边屈边转的左腿移动。接着两腿积极转动，并以左脚前脚掌为轴向投掷方向转动，身体向投掷方向倾斜，投掷臂在身后放松牵引铁饼。当左膝、左肩和头即将转向投掷方向时，右膝自然弯曲，以大腿发力带动整个腿绕左腿向投掷方向转扣（右脚离地不能过高），这时左髋低于右髋，身体成左侧单腿支撑旋转，接着以左脚蹬地的力量推动身体向投掷圈的中心移动，右腿、右髋继续转扣。当左脚蹬离地面，右腿带动右髋快速内转下压，左腿屈膝迅速向右腿靠拢，左肩内扣，上体收腹稍前倾。接着，左脚积极后摆，以脚掌的内侧着地，落在投掷圈中线左侧，圆圈前沿稍后的地方，身体处于最大限度的扭转拉紧状态，铁饼远远留在右后方，左臂自然微屈于胸前，为最后用力做好准备。

最后用力和维持身体平衡

最后用力阶段（左脚着地、投饼）是掷铁饼的最主要阶段，铁饼飞行的远度主要取决于这个阶段动作完成的质量。当左脚着地时，右脚继续蹬转，使右髋积极向投掷方向转动和前送。接着，头向投掷方向转动，左臂微屈于胸前，胸部开始向前挺出，体重逐渐移向左腿。当体重移向左腿时，右腿继续蹬伸用力，以爆发式的快速用力向前挺胸挥饼。与此同时，左腿迅速用力蹬伸，左肩制动，成左侧支撑，使身体右侧迅速向前转动，将全身的力量集中在铁饼上，当铁饼挥至右肩同高并稍前时，用小指到食指依次用力拨饼出手，使铁饼顺时针方向转动向前飞行。

铁饼出手后，应及时交换两腿，身体顺惯性左转，同时降低身体重心，维持身体平衡。

铁饼的移动轨迹

移动轨迹用于描述铁饼从起始位置开始到出手的过程。20 世纪早期，“波形”被用于修饰铁饼的移动过程，因为铁饼在投掷圈内从开始至出手进行了“波形”移动。这个“波形”理论如今仍然被人们广泛地接受。不过，人们尚不确定铁饼从开始至出手间“波形”移动的最佳高度。

如果铁饼位于投掷的反方向（12 点钟方向），采用低位法。这个低位在投掷过程中出现两次，一次是移动开始阶段右脚蹬地之后，另一次出现在投掷圈中部进行投掷移动的中间阶段。

如果铁饼位于投掷方向上（6 点钟方向），采用高位法。此高位在投掷过程中出现三次：第一次摆臂，第二次在投掷圈中部准备姿势开始时，第三次是铁饼出手时。摆臂阶段是否采用高位法可根据需要来定，高位法最容易被忽视，但最关键的部分是在投掷圈中部准备姿势的开始阶段。在此投掷中间阶段，用力将铁饼摆高可产生加速度，主要原因是铁饼从高位开始向下移动时，地球的引力帮助其提速。有关这部分的详情将在投掷出手动作部分加以介绍。

铁饼在投掷过程中的大多数高低变化其实是由于肩部的自然动作带动而形成的。不过，刻意地抬或降铁饼也是有益的，运动员需要学习并掌握最佳位置。

上半身和下半身的不同动作

在摆臂或其他投掷阶段中，身体和本体感觉对于获得良好的意识十分有益。在此，将本体感觉与上半身和下半身的不同动作联系在一起。下半身（臀部和双腿）为活跃、运动的整体，带动投掷者在投掷圈内旋转移动，而上半身（躯干、手臂、颈部和头部）则处于相对放松的状态，提起铁饼、向后拉、等待。在上半身等待（停滞或放慢旋转）并放松时（左臂使用恰当的话，对此动作十分有益），下半身则扭转，动员身体的肌肉、肌腱、韧带、筋膜及其他有弹性的组织，观察放松状态下扭转的上半身。接着，在几乎是最后时刻，用尽全力将扭转的身体展开，动能从抬起并转动的双腿，到臀部、躯干、眉部、手臂、手。这个过程被称为拉长（超越器械）。拉长是一种非凡的感觉。约 70% ~ 80% 的投掷出手速度取决于这个抬起、展开并启动出手的动作。

掷铁饼的动能高效转移及最大动力效率

铁饼出手时，动能的转移和铁饼在空中的有效飞行十分关键。铁饼的外形赋予它一定的动力效率。正确的出手动作使铁饼的飞行动力效率高，飞出的距离远。一般情况下，最佳的铁饼出手动作，其飞行动力效率高，动能能够得到有效的转移，此类出手的铁饼的外侧边缘通常向下倾斜 5 度 ~10 度，向前飞行的边缘微微向上倾斜（2 度 ~5 度）。如果当时正好刮右侧风（从右侧 90 度方向吹来的风），那么出手时铁饼的外侧边缘保持水平，不要向下。

铁饼的换脚技术

在铁饼投掷过程中，术语“换脚”源于大多数投掷者使用侧臂悬摆时的自然动作。双脚的位置与投掷准备的位置相反。例如，右手持铁饼者投掷铁饼时，其左脚向前，右脚向后。投掷的剧烈运动（抬升并带动右臀、右肩、右臂投掷）通常导致右侧身体被带到前端，而左侧身体旋转至后端——如此产生了术语“换脚”，即双脚位置交换。

准备姿势

正确指导投掷圈内的投掷者完成两件事情：

（1）投掷圈内的时钟系统，6 点钟是投掷方向。

（2）从 12 点钟位到 6 点钟位画直线，把投掷圈一分为二。

合理的准备姿势是背对投掷方向 180 度，双脚分开比肩宽。左脚可站在二分线上，也可站在稍偏左的 11 点钟方向。投掷的每个阶段都很重要，这里重点强调从开始到第一个单脚支撑结束阶段。双脚支撑指双脚落地，而单脚支撑顾名思义是指单脚落地。双脚分开比肩宽，这样做能保持身体平衡，并为可能的从右脚向左脚转移做准备，达到旋转加速的要求。这里的起动指身体重心做大范围移动（站立的宽度），以产生投掷圈内旋转的启动动力。

摆臂

完成这个动作的时候，注意放慢节奏。竭力保持上身的放松状态。摆臂时 60% ~70% 的身体重心在右脚上，屈膝。动作开始时要求身体保持平衡。保持低重心或将身体重心下降，以达到需要的平衡。右脚牢牢抓地，左脚自由旋转，左膝向内扣。左脚内侧脚掌或左脚脚趾贴住投掷圈边，因为右脚牢牢抓地，右侧大腿有扭的感觉。摆臂动作完成时，双腿微屈站立（约身体高度的 80% ~90%）。值得考虑的是：某些运动员在摆臂完成时形成扭的感觉，而这种感觉同准备姿势的身体扭转非常相似。

很多优秀投掷运动员只摆臂一次。初学者可能摆臂次数更多。选择适合自己的次数，不超过三次。在上半身向后转动时，向后上方带起铁饼，高度不超过肩部。向后摆动投掷手臂直至它与投掷方向呈垂直状。有些投掷者没有达到这个程度，还有些投掷者则过了。

第一个从双脚支撑到单脚支撑的阶段

在完成摆臂并开始投掷时，将身体重心从右脚转至左脚。降低重心，左脚内侧脚掌着地，旋转直至脚尖指向 7 ~ 8 点钟方向。左臂相对呈直臂状，向左大幅悬摆。有些投掷者左臂伸直，有些则不是，但所有投掷者的左臂悬摆从 2 点或 1 点钟方向开始至 6 点与 4 点半之间，位于左侧大腿之上。左脚离开地面之前不要急于将左臂摆至左侧大腿前，当左臂到 4:30 的位置时停顿下来，协助放慢上半身的扭转，以获取投掷出手阶段所需的最大扭力。

多数初学者会从投掷圈后端开始，让双脚和上半身过度旋转。这种过度旋转造成左臂高高摆过左大腿位，指向投掷圈后端 12 点钟方向。教练员需要及时纠正，帮助初学者杜绝旋转后将左脚停在 7 点钟位置，同时也要杜绝从投掷圈后端旋转时左臂高摆过左大腿。

右腿相对提前提起（开始第一个单脚支撑阶段），低位或中低位绕左腿宽摆。右腿的正确动作在铁饼投掷中非常重要。只有在身体重心转移至左侧后，右腿才能提起。一些教练员提倡尽可能地拖延右腿的提起时间，而另一些教练员则认为要早提右腿。不管哪种流派，采用不同的右脚提起时间方法，其感觉完全不同。任何情况下，右腿的提起时间必须在身体重心转移至左侧之后。绕左膝，双膝打开，双腿大腿内侧肌肉得到拉伸。右腿提起时间早晚不同，只是影响大腿内侧肌肉拉伸的程度。如果投掷者拖延右腿提起时间至右肩超过右臀之后，那么右臀必须有提拉动作以获取投掷出手所需的扭力。这个提拉动作容易造成投掷时的肌肉痉挛，从背部用力向前。尽早提起右脚，从开始就保持右肩位于右臀稍后位置，这是个很好的选择。在绕左腿旋转移动至投掷圈内的过程中，上身躯干与臀部之间的扭转程度极小。

优秀的投掷者如何移动左腿以及如何进投掷圈，这是所有技术动作中最重要的步骤。下面是几点要领：

保持低重心（双腿弯曲）。

在低位或中等高度摆腿。

开始旋转离开投掷圈后端时，身体向 9:30 时钟方向（位于左后端）后坐或倾斜。

不要将身体重力线过快转向投掷方向；从双脚支撑到单脚支撑的开始阶段主要向左移动。

小幅度旋转，体会将身体重心向左转移的左侧移动感觉；接着，左脚尖指向 7 点钟方向，向左倾斜的同时绕左腿摆动右侧身体，旋转进入投掷圈。

左脚尖指向 7 点钟方向的同时，左腿便成为身体的支柱。以此支柱为轴旋转身体，下半身自然地向投掷方向发生倾斜（肩保持水平），这种倾斜让身体的重心线位于左脚的前方（投掷方向）。

右腿在投掷圈内运动时呈弯曲状，移动时右腿保持低位，远离左膝，摆腿时动作幅度要大，转至 10 点钟位置。右侧摆动腿位于 12 点钟方向时，伸直；接着，向投掷方向旋转时，再次弯曲右侧大腿并稍稍提起。

稍稍提起大腿的动作有助于右腿进行跳跃，应在左腿带动身体向前、向上离开投掷圈后端之际完成。此外，如果右腿不在此投掷环节弯曲、提起，则身体倾斜可能导致踩上投掷圈。在投掷圈后端时，铁饼要低，位于右臀的后方。

左腿一直保持弯曲并旋转，直至身体正对投掷方向。

此刻，左腿需要快速推，同时下半身倾斜以便有力地带动身体在投掷圈内微微跃起。

空中阶段

身体微微跃起，人完全处于空中。左腿快速驱动和下半身倾斜动作共同产生了向投掷方向的线性力。这个技术中最关键的地方是如何将该线性力与摆动右腿产生的旋转力相结合并爆发出最大化的动能。在右脚落在投掷圈中部附近时，线性力如果过大，动作就会被卡住。出现这样的情况，则需要减少线性力或增加旋转力。我们更多地选择后者。很多初学者可能没有遇到这种问题，但几乎所有的初学者都会遇到的情况是旋转过度，或者在投掷圈内旋转时产生的线性力不足。

投掷动作的开始形成动能：

投掷圈直径 2.5 米，作为投掷准备区域，投掷者需要在此产生最大动能或动力。下面列出一些动力发展的技术动作。

（1）身体重心从右腿转至左腿。

（2）抬起右腿前蹬地（最小力）。

（3）左腿（脚）有拉动动作，在投掷开始时将身体拉向左侧。

（4）摆动左臂。

（5）身体倾斜，即将身体的重力线转移。人体的重心从重力线（从头到脚穿过人体的一条直线）偏移出支撑位（直立时双脚的外侧区域）。身体倾斜而产生运动，运动产生相当程度的动力。

（6）摆动右腿。同贴近左腿摆动右腿相比，宽摆右腿产生的动力要大。宽摆右腿是产生足够动力的重要环节。

（7）用左腿和左脚产生驱动力。

通过上述技术动作运动人体，产生的动能（动力）的大小取决于投掷者的体重、力量和技术水平。

从开始到高点的铁饼轨迹：

当左腿从第一个单腿支撑位置进入投掷圈时，持铁饼在右臀稍后的位置上，为低位。随着铁饼绕左腿至投掷方向时，它沿着一个斜坡升至投掷的高位（大概 7 点钟方向），该过程发生在右腿落地之时或之后（第二个单腿支撑）。左臂摆动，绕身体左侧形成一个大大的弧形，摆动至 4:30 点钟方向时变慢或停住。躯干停住而下半身继续旋转，如此形成了躯干与臀部的扭转。

右脚着地或第二个单脚支撑阶段

接下来涉及到的技术，即空中阶段之后右脚着地，此时也称为第二个单脚支撑阶段。由于在投掷圈后端形成驱动力非常关键，而且平跳要比高跳更加有效，右脚触投掷圈，脚后跟对着 8 ~ 9 点钟方向。

在空中阶段开始时，启动扭转步骤。停住左臂和左肩，而下半身继续旋转，这个动作一直持续到右脚着地，躯干和臀部在空中阶段的扭转程度不断加大，最终获得投掷出手前的最大扭转度。这个动作通常持续到左脚落地前（第二个双脚支撑）。

上半身形成扭转过程中左臂的作用：在右脚落地前，以及右脚落地后以右脚为轴旋转的最初阶段。上半身需要停住，以便积蓄出手阶段所需的扭矩。如前所述，上半身必须保持放松，以获取类似扭转的拉伸。这一过程中，左臂是关键。横过胸前向身后伸以获取必要的拉伸。

右臂和右肩保持放松，尽量向身后高摆。铁饼此时达到最高点。绝大多数运动员在右脚落地瞬间达到身体的最大扭转度，此时正是第二次单脚支撑的开始。右脚脚掌旋转时身体保持该姿势。左脚落地前展开身体，进入发力投掷阶段。

这种单脚支撑发力投掷看起来容易使人产生困惑。通过对很多成功投掷者的录像进行大量细致的研究发现，展开扭转上身的时间早于左脚踏地的时间。但教练不应该这样教学生，教练不该让投掷者在左脚落地前开始展左臂。相反，一些教练让投掷者延迟投掷出手时间至左脚落地之后。我认为这样刻意地延迟出手容易造成肌肉痉挛。右脚应从其落地的位置开始快速绕轴旋转至投掷方向，脚后跟则指向 4 点或 5 点钟的方向。

从第一个单脚支撑至准备姿势的左脚（左腿）动作：

左脚（左腿）从蹬踏位置开始后撤腿，直至投掷圈的前端。多数成功投掷者在左脚从投掷圈后端移动至前端的过程中尽力靠紧双膝，以便让左脚快速落地。

人们普遍认为腿弯曲度越大，其移动速度越快（如短跑运动员）。其实，如果在投掷圈内移动过程中保持身体和左脚低位（如 2000 年奥运会铁饼金牌得主维尔吉利尤斯 · 阿莱克纳），也许左腿就没必要尽力弯曲。当左脚掌在第二个双脚支撑中着地，左脚应与右脚的脚后跟在同一直线上。双脚均着地后铁饼才出手，此时铁饼已向左旋转约 180 度。

从第一个单脚支撑至第二个单脚支撑的铁饼轨迹：

铁饼在身体右后方呈斜线从上向下移动（非环形），高点至少达到头顶。随着身体的继续移动，上半身的旋转速度渐渐放慢，而下半身的旋转速度则尽可能快，直至身躯与大腿形成最大化的扭转，铁饼位于身后相对最高点，此时便进入投掷出手阶段。将铁饼送至此位置需要消耗一定的能量。这样做的好处是：

有效拉伸肩部和胸部肌肉；在投掷出手的最后阶段，从高点向低点摆动铁饼可获取所需的加速度。

投掷出手：当左腿落地时，双腿弯曲，铁饼在出手前已经向左旋转了 180 度。右臂完全伸展，左腿稍稍弯曲，右臂和左腿与投掷方向成垂直状。抬起并旋转双腿，带动身体转动，向上，再向前。以身体右侧为轴旋转并向前移动身体时，抬起并锁住左腿。用力摆动左臂，屈臂控制身体左侧。这些动作基本能够控制住左侧身体并将旋转动能转移至右肩（右臂），从而最终转移至铁饼。右臂在通过拉伸肌肉和肌腱尽量延迟移动之后，最终由双肩带动摆臂。右手在控制铁饼的角度和方位的同时获得投掷出手的最大动能。在铁饼飞出之时，右手稍稍加力，指引并控制铁饼平稳飞入空中。

投掷出手阶段的铁饼轨迹：铁饼向下摆动，随着身体转动形成一个大的圆形轨迹，在配合巨大动能抬升并向前摆动之前达到圆形轨迹的最低点。而巨大动能产生于扭转的上半身展开以及腿部和臀部肌肉的驱动、抬升。此时此刻达到投掷出手的最大动能。将手（手指）上的动能最大程度地转移至铁饼的中心，使之切入空中，形成最长的飞行距离，这是我们的目标。

换脚：投掷出手的动力结果是，身体在旋转的同时离开投掷圈的范围，尤其是抬起并移动的双腿。当右脚（右腿）从后向前移动并落地时，立即降低身体重心，保持身体平衡，停留在投掷圈内。这个支撑脚转换的动作被称之为换脚。换脚不需要加力或练习，它是投掷出手阶段动力形成之后自然而成。换脚投掷者很少直接用右脚着地并支撑住身体。相反，他们通常会继续旋转身体，消耗掉剩余的能量，并在投掷圈内再次获得身体平衡。

掷铁饼的不换脚技术

前民主德国男、女运动员都成功地使用了不换脚技术。男子投掷运动员如贾晋·斯格特和拉斯·雷德尔多年来一直从事铁饼运动。而维尔吉利尤斯·阿莱克纳使用换脚技术，并获得了2000年奥运会铁饼金牌。

他成功地击败了拉斯·雷德尔。而女性投掷运动员伊尔克·维露达和玛蒂娜·海尔曼多次获得奥运会桂冠，并多次创造世界纪录和奥运会纪录。显而易见，使用不换脚技术的女性运动员要多于男性运动员。总之，两种技术均被男性和女性运动员成功地使用。

开始姿势

换脚技术与不换脚技术在开始姿势上没有区别。面向与投掷方向呈180度的方向，双脚与肩同宽。双脚也可站在6～12点的直线上（双脚分开，与两端距离相等），或将左脚踏在该直线上。

第一个双脚支撑至第一个单脚支撑的阶段

换脚技术与不换脚技术的第一个显著差别出现在右脚离开投掷圈的第一个单脚支撑时。值得注意的是，在摆动旋转之后由移动转入投掷的开始阶段，身体重心转移至左脚，上半身旋转，双膝分开，收紧大腿内侧。右腿在延迟之后提起（延迟右腿提起的时间）。当右腿提离投掷圈时，或多或少向上摆，并在左侧身体继续向左旋转的过程中留在身后。旋转左侧身体，拉开与右腿的距离，以便尽量拉伸身体，延迟右腿动作。将右腿抬至与地面平行时弯曲右膝。当身体获得足够张力后，快速摆动右腿，像踢足球似的踢腿，并首次面向投掷方向。开始面向投掷方向（即位于4～3点钟的方向）时踢直右腿，然后在空中上抬、屈腿。

第二个单脚支撑过程中的空中阶段

落地前的空中阶段时，在空中旋转右脚。这个旋转动作让右腿在落地前形成扭转。而空中阶段上半身的扭转与换脚技术特点相似。无论是作为运动员还是教练，自己完成动作或观察学生完成动作，从摆腿到出手，动作的重点始终是右腿。

右腿带动其他动作。事实上其他动作都依赖右腿动作的完成。一旦右脚着地，右膝稍屈，便开始旋转。完成此动作时，身体重心落在右脚上，身体必须保持平衡。

投掷出手

当左脚落地时，用右脚掌旋转，使左脚后跟落在右脚前端的右侧。上半身与下半身形成最大扭转的时刻即右脚落地之时。

右膝内侧旋转加上被称之为臀转的右脚旋转，带动了身体躯干、肩、最后是展开的手臂进行旋转、抡臂投掷。左脚稍早落地，右臂位于3点钟方向。右腿和右臂以左腿为轴旋转带动投掷出手，左腿则牢牢扣住投掷圈地面。旋转右肩至胸部对着投掷方向，继续旋转超过此点。此时，手臂的肌肉和肌腱充分拉伸，手臂向前摆，完成动作。在出手前、出手过程中以及出手之后，左脚始终应牢牢扣在投掷圈前端。右脚也应与地面接触，脚后跟抬起，脚趾轻触地面。

下面我们来回顾一下不换脚技术的主要特点：

（1）右腿抬起，当身体向左侧倾斜并向投掷方向旋转时，后抬右腿至与地面平行的位置。屈腿、拖带并悬摆右腿，为大腿肌肉做好拉伸的准备。

（2）从悬摆位开始向投掷圈中心用力蹬踢右腿，积蓄动能。

（3）蹬踢动作使右腿伸直，位于11～9点钟位置。

（4）从蹬踢开始至投掷出手，重点应放在带动投掷动作的右脚、右腿和右臂上。

（5）左脚牢牢扣住地面，铁饼飞出之前不要抬起。不换脚。

掷铁饼的技术练习

合理的铁饼投掷技术是伴随一系列身体运动的同步动作，很多动作同时进行。如果整体动作中有部分动作难以完成，那么就需要设计有针对性的练习加以解决。一旦解决，则应尽快将其融入整体动作之中。

做身体运动时需将注意力放在身体的某个部位或某个节奏感。在学习如何投掷铁饼的过程中，需要反复强调将注意力集中在身体某个部位或某个节奏感从而感受完成某个特定动作过程的重要性。如此一来，当完成同一动作时，投掷者便可感受或将重点放在身体的某些部位（在分步投掷练习中）。在一次投掷中，头脑中回想多个感受或动作要领非常困难。下列练习中，虽然只是一个技术动作，但不同练习强调不同的要领。所有技术动作和节奏练习的最终目的是将技术动作的各个步骤完美合一，形成一个高效、流畅、富有节奏并融为一体的完整动作。

掷饼练习

原地掷饼练习：

1. 握饼摆饼练习

根据握法要求，握饼后做体侧前后摆动，幅度可由小到大，提高控制铁饼的能力。

2. 拨饼练习

将铁饼平放在左手掌，掌心向上，右手握住饼，掌心向下，由小指到食指依次用力拨饼，铁饼按顺时针方向转动。

3. 滚饼练习

两脚前后开立，左脚在前，握饼于体侧做前后摆动，继而出手，将铁饼平稳向前方地面滚去，体会控制铁饼出手及小指到食指的依次用力拨饼动作。

旋转掷铁饼练习：面对投掷方向，两脚前后开立，左脚在前，持饼或徒手做正面旋转投掷。

学习过程中常见的错误动作及纠正：

1. 进入单脚支撑前右脚离地过早

纠正：（1）铁饼摆至体后时，体重应在右腿。

（2）摆饼结束时，由右脚蹬地把体重移向左腿。

2. 由腾空到右脚着地身体重心起伏过大，身体向前不够。

纠正：（1）右腿以大腿带动围绕左腿向投掷方向摆动，并要有转扣动作。

（2）蹬离地面时身体不要伸展。

（3）右脚着地时膝部不要颤动。

3. 右脚着地时停顿

纠正：（1）右腿的摆动要以大腿带动绕左腿有弧度地摆扣。

铁饼比赛激战正酣

（2）右脚着地时负担体重，脚跟不要着地。

（3）多做转体180度及侧向转体动作，体会右脚以前脚掌着地和继续旋转的动作。

4. 腾空后两脚的着地点过于偏向中线的左方或右方。

纠正：（1）进入旋转前要把体重移向左腿，右脚蹬离地面时应使身体沿中线向前。

（2）反复做转体180度及侧向转体，重点体会右脚以前脚掌负担体重，维持身体的平衡及继续旋转的动作。体会左右脚协调配合左脚主动及时着地和控制着地点。

5. 旋转节奏先快后慢

纠正：（1）进入旋转时，右腿要大弧度摆动。

（2）右脚着地时脚跟不要着地。

（3）左腿的动作要及时、要快。

纠正：（1）身体和头转向投掷方向时，左臂微屈并制动。

（2）把体重移向左腿并用力蹬撑。

（3）以左肩为轴做投掷动作。

开始姿势

投掷圈内有一条 12 点至 6 点钟的直线。将左脚掌踩在线上或稍偏左的位置，而右脚向右落在比肩宽的位置。这里需要向初学者强调，最好借力左脚，将身体的大多数重心落在左脚掌上。

投掷者进行一段时间练习之后，可将身体重心从左腿转移至右腿，然后再移回左腿。在转体中获取一定量的动能，尤其是完成最后投掷的转体。

关键动作练习：第一步

投掷铁饼最关键的阶段出现在右脚落地的开始转体阶段。反复练习，掌握这一关键动作的节奏和身体位置。将手臂尽力向后伸，至少与投掷方向垂直。此刻，约 80% 的身体重心落在右腿上。右脚尖指向 2 点钟方向，同时将左脚的大脚趾中部触投掷圈。开始打开身体时，将身体重心转移至左侧，用左脚掌落地，并以左脚掌为轴旋转。左臂绕左腿宽幅摆臂，由此开始打开身体的动作，并开始投掷。随着身体移动，抬起右脚，保持双膝分开，同开始站姿。右脚的抬起标志着关键动作的第一步已经结束。

关键动作练习：第二步

找到左脚与投掷方向呈垂直的位置。身体重心主要落在左脚上。而右脚踩地（只有少量的身体重心在右脚上，右脚仅仅是踩在地面）征用左脚为轴旋转时，屈左腿，从投掷圈后端开始宽幅摆左臂。左腿带动身体移动之前左臂放左侧大腿上方。

动作的关键是保持左腿（左脚）平衡，向左以左脚掌为轴进行旋转。尽快抬起右腿（前提是身体重心完全转移至左腿），以左腿为轴宽幅摆腿（投掷圈内），同时左脚继续旋转，脚尖指向7点钟方向。当脚尖指向7点钟时左脚必须停止转动。只有停止转动才能防止投掷开始时身体的过度旋转。当左脚开始进入投掷圈（宽幅向投掷方向跨越），屈膝并抬右腿，同时左腿带动身体离地，形成一个轻跳。

落地时应踩线，用右脚保持身体平衡。当右脚触地时，脚趾应位于3点钟和1点钟方向之间。在该练习中，右手持铁饼当然是很重要的部分。在投掷圈后端持饼时铁饼位置较低，一定要放在右大腿后方。当身体向投掷方向旋转时，右臂开始沿斜线上抬。升至7点钟方向的高点，保持这一高度至5点钟方向，然后沿斜线向下移动。

不换脚技术的练习

在此练习中，高抬右腿至大腿和小腿与地面平行，屈膝，以左腿为支撑向右侧踢直右腿。然后抬左腿和身体，向投掷圈中部移动。身体在空中时，向内转移右腿和右脚，准备落地。落地时，右脚尖位于11点钟和2点钟之间的方向，并随即开始旋转。右腿落地时必须恰投掷，相比此种方法在投掷圈后端持饼的位置可能稍高（投掷的开始），但铁饼还是应该位于臀部的远后方。将铁饼提至5点钟方向的高点后再沿斜线将铁饼降低。下面是不换脚技术与换脚技术的主要区别：

（1）高抬右腿，屈膝（稍稍延迟）。

（2）面向投掷方向时，向右侧方向踢直右腿。

（3）落地前，在空中转动右腿（右脚）（内扣动作）。

投掷出手练习

掌握本练习的最佳方法就是静态练习，一步一步完成。在基本步骤掌握之后，再将其运用到动态练习中。

（1）站立，右腿弯曲，左脚踩在投掷圈中部，脚尖指向11点或12点钟方向。

（2）将左脚向后摆放，与右脚呈直线并指向投掷方向（即6点钟方向）。左脚只有脚趾点地。

（3）高抬持饼手臂，指向5~6点钟之间（高点）。

（4）左臂越过胸前，左手指向5~6点钟之间。这个位置与投掷出手时的位置接近。屈身，扭转身体，铁饼高抬。一般投掷时，左脚不会这么早落下。在本练习中，将左脚落下。

（5）开始展开身体并同时完成：①以右脚为轴旋转；②向外摆动左臂，使之远离躯干。

（6）当提起铁饼并将铁饼向投掷方向带动时，身体向前移动。左臂向投掷方向摆动并停留在身体左侧时，身体重心随之转移至身体左侧。动作开始时，铁饼应保持在高点，然后沿斜线至低点，最后再沿斜线向前上方投掷出手。本练习结束时，身体应尽可能向右侧或投掷方向展开，同时保持身体平衡。开始练习时放慢动作，将注意力集中在开始姿势上，然后再学习流畅地完成整个动作。

摆“嗒”“嗒”练习

本练习的设计目的是掌握投掷中的脚步节奏。从开始姿势起，然后是转体。当右腿开始摆腿时，早早抬高右腿至中等高度，在左侧大腿上方摆左臂。动作至此阶段，重点应放在右腿的摆动上。抬腿至中等高度，从投掷圈后端开始旋转，在1点钟至11点钟方向之间伸直。此时为摆。第一个“嗒”是右脚的落地。第二个“嗒”是左脚落地。此动作的节奏是一个时间相对较长的摆腿，跟着两个快速的“嗒”“嗒”。这个动作的重点是右腿有节奏的摆动以及随后的右脚快速落地，再紧跟着左脚的落地。

铁饼由低点到高点的练习

本练习的设计目的是掌握铁饼由低点到高点的正确移动轨迹。轨迹呈斜线，非环形移动。在投掷圈后端站立，左脚与投掷方向呈垂直状，右脚站在投掷圈外，脚尖指向 1 点钟方向。右臂后侧持饼。屈左腿，以左脚为轴旋转。此时，在低点处摆铁饼，然后沿斜线向上，这是一个直线轨迹，从 11 点钟方向至 7 点钟方向（在 5 点钟方向时停留在高点），此为投掷中铁饼的高点。

南非练习更新版

本练习几乎是一个完整的投掷。通常我们在空地完成，而非投掷圈内。当然，在投掷圈内也可进行。

右脚与投掷方向呈垂直站立。将铁饼在身体右侧轻轻地前后摆动。身体配合铁饼摆动，铁饼向前摆，然后向后摆，接着抬左腿，同右腿一起向前带动身体。铁饼从后下摆动，绕着身体向上。放下左腿，同时带动铁饼逆时针方向向前转，抬起右腿，以左侧身体为轴宽幅摆动，同时起跳，向前提起左脚，带动身体向投掷方向移动。此时铁饼处于高点。右脚着地，脚尖指向 1～12 点钟之间，身体保持平衡。铁饼应在身后高点，而左臂则短暂地绕过前胸。左脚与右脚站成一条直线，左脚脚趾直对着右脚的脚后跟。开始展开身体，宽幅摆动左臂，远离身体躯干，同时以右脚为轴旋转。投掷出手时应该干脆利落，与前面的动作自然衔接。以合适的角度和高度将铁饼投掷出手。本练习结束时，身体向右侧或投掷方向尽量展开，而身体保持平衡。

完成本练习过程中，需要强调以下几点：

（1）身体带动铁饼投掷，投掷采用线性运动。

（2）铁饼摆高（但不要过高）。

（3）合理的节奏。

（4）以合适的角度和高度投掷出手。

采用换脚技术的投掷者以换脚结束动作，而使用不换脚技术的投掷者则努力旋转身体右侧，锁住身体左侧，不换脚结束动作。

原地投掷练习

本练习强调以下几点：控制铁饼出手（角度和高度）；以最大半径向后宽幅展开；铁饼飞向空中时好的飞行角度和出手。原地投掷练习时，使用换脚技术和不换脚技术。

1. 原地正面投掷铁饼

两脚左右开立约一肩半宽，做左上右后或身体前后摆饼，幅度要逐渐加大，最后一次要摆至身体后最大限度的部位，两腿微屈。回摆至体侧约与肩高时，两腿蹬地将铁饼掷出。

2. 原地侧向掷铁饼

身体左侧对投掷方向，两脚左右开立约一肩半宽，左脚略向后。当铁饼摆至体后最大限度部位时，上体略前俯扭转右腿弯曲并负担体重，左臂自然微屈于胸前，然后按技术要领将饼掷出。

3. 原地背向撤步掷铁饼

背对投掷方向，两脚左右开立，摆饼的最后一次摆至体后最大限度的同时，以右脚前掌为轴左腿后撤，左脚以侧于右脚延长线的左面着地，脚尖斜对投掷方向。上体微前俯扭紧，右腿弯曲并负担体重，然后按技术要领将铁饼掷出。

重复铁饼投掷的轴旋转练习

在低摩擦系数的地面练习轴旋转会比较轻松。连续完成五个投掷的轴旋转动作，注意身体平衡和脚旋转。从开始动作进行双脚轴旋转练习

（左脚和投掷方向的右脚）。

本练习的重点是轴旋转，非铁饼轨迹或铁饼自身。学习使用双脚进行轴旋转：以左脚为轴旋转，向前迈一步，然后用右脚为轴旋转。停下来，然后重复四次上述动作。稍作休息，再重复五次。

背向掷铁饼的人

在本练习中，迈步要小，左脚，接着右脚，重点放在轴旋转。

1. 徒手和持铁饼转体180度掷铁饼

身体右侧对投掷方向，两脚分立于直线上，铁饼摆到体后最大限度时，右腿弯曲以右脚前掌为轴成单脚支撑的旋转，左腿围绕右腿向后摆插，左脚于直线的左侧着地，然后按动作要领将铁饼掷出。

2. 徒手和持铁饼侧向旋转掷铁饼

身体左侧对投掷方向，两脚左右分立约一肩半宽，预摆后按动作要领旋转把铁饼掷出。

3. 徒手和持饼背向旋转掷铁饼

背向站立于投掷圈后缘处，两脚左右分开约一肩半，预摆后按动作要领旋转把铁饼掷出。

技术训练原则

（1）技术训练优先。在一个训练单元中，应先进行技术训练，然后才进行其他内容的训练。在运动员精力充沛时练习技术，会取得比较好的技术练习效果。

（2）适宜兴奋性。运动员兴奋性过高或过低时，不宜进行新技术学习或改进技术，否则不会取得好的效果。

（3）追求正确率。在技术训练中，错误动作每多出现一次，错误动作就会被强化一次，一旦错误动作被巩固，改正它要比学习新技术难得多。

（4）长期性原则。不断地投掷，才能不断强化已掌握的技术动作、可以防止投掷技能的慢慢消退。

运动员心理训练

仅仅具有良好的身体素质和技能水平，还不能使运动员在比赛中取得成功。比赛时，运动员需要在几秒钟内完成一系列复杂动作。稍有分心，几个月甚至几年的训练汗水就付之东流。所以，一个优秀的投掷运动员还必须具有很好的心理稳定性，善于自我评估，自我调节能力强，善于集中精力。勇敢果断，能吃苦耐劳。

心理训练内容

心理能力训练。其中包括：注意力的训练、集中能力训练、速度感觉训练及心理动力的培养。

智力训练。其中包括：对空间表象能力的训练、思维能力的训练以及综合能力的训练。

个性训练。其中包括：对情绪稳定性的训练，对实现个人意愿能力的训练、对自我强化以及对环境依赖性的训练。

动机、态度、兴趣的培养。其中包括：对进取动机的培养、成功动机的培养、失败动机的培养以及对联系动机的培养。

心理训练的实施

心理训练与身体训练一样，只要运动员认真去做，总是可以将自己的心理素质大大地提高的。

每个运动员都有极大的运动潜力，运动潜力的发挥往往与运动员的动机有密切关系。运动员的动机经常也是影响运动员运动寿命的一个主要原因。所以，在掷铁饼运动员的心理训练中，首要一条就是解决运动员“为什么而练习”、“练到哪儿”的问题，也就是说，要帮助运动员建立一个比较远大的目标，让运动员成为一个有事业心的人，然后再帮助运动员寻找一个适合自己的训练目标，这将有利于运动员运动潜力的挖掘，过难和过易都不会取得最佳效果。训练目标不是一成不变的。

赛场环境千变万化，运动员的应变能力是取得比赛成功的必要条件。所以，在训练中有意识地安排运动员参观比赛、参加比赛都有助于提高运动员遇事果断、善于应变、临阵不乱的能力。

教练员应注意提高运动员集中注意力的心理素质，每次训练课中，都要求运动员要集中注意力，高质量的完成每一次练习是非常重要的。教练员在训练中甚至人为的制造一些复杂而嘈杂的训练环境，让运动员在这种环境中得到训练提高。

经常给运动员提出一些技术问题，可以帮助运动员锻炼思维能力，独立思考可以培养运动员减少对教练员的依赖。在大型比赛中，这一点是非常重要的。心理训练可以在训练中专门进行，但是多数可以在日常生活中一点一滴的培养，甚至是潜移默化的进行，这样能力一旦提高是非常稳定的。

心理训练的原则

1. 灵活性原则

运动员心理活动是非常活跃的。根据不同的情况，采用不同的心理训练手段，可以取得事半功倍的效果。可以说，心理训练随时随地都可以进行，而且都可以取得好的效果。

2. 耐心细致

心理训练不同于身体训练的地方是，它更难以预测，只有细致观察，认真分析，才能找到问题所在，心理训练也不能急功近利。有的心理问题可能几年解决不了，有的也可能一句话就解决了。

3. 重视心理诊断

心理训练的实施，首先来源于心理诊断。运动员心理活动复杂，心理活动与行为效果的关系有时是曲折的。有意识地对运动员进行心理诊断，可以帮助心理训练更加科学化。

PART 8 裁判标准

铅球比赛主裁判工作

工作职责

全面领导裁判组的工作，负责分配每个裁判员的岗位及任务，有序、安全地完成推铅球裁判工作任务。

组织全组裁判员认真学习竞赛规则、竞赛程序及竞赛须知等文件。

加强赛前培训，重视赛前实习，熟练地掌握推铅球裁判方法。

领导全组裁判员检查铅球比赛场地、器材和仪器设备，领取裁判用具。

铅球裁判向运动员祝贺

听取技术官员、田赛裁判长的建议和意见，及时改进裁判工作。

比赛中，内场主裁判要接受运动员并提出比赛的有关要求；掌握比赛详细情况，控制比赛进程；判定运动员的试掷是否有效。

外场主裁判要负责判定运动员每次试掷时的器械落地是否有效，兼看铅球的落地点位置；指挥服务员将铅球运回内场。

审核比赛成绩、名次，并签名。

工作方法

比赛前

1. 学习竞赛规程和规则

在田赛裁判长的领导下，主裁判组织本组全体裁判员在赛前认真学习比赛的有关文件。了解比赛日程、时间、参赛运动员的人数和成绩情况。掌握比赛的检录时间、地点。

2. 明确分工与职责

主裁判根据比赛的规程和赛会的要求，确定本组裁判员的工作分工和职责，研究制定全组裁判工作方法和每位裁判员的工作细则。

3. 制定裁判工作细则

主裁判与全组人员一起，共同制定完成比赛任务的工作细则。其中应明确每一个人的工作分工与职责，制定详细的工作计划。落实本组和检录处、赛后控制中心、场地器材组、全能裁判组、竞赛秘书组等组织之间的工作协调联系。

4. 检查比赛场地、器材和设备

比赛前，主裁判应该带领全组对比赛场地、铅球进行严格检查，发现问题或有不符合比赛规则情况时，应及时向田赛裁判长汇告。检查的主要内容如下：投掷圈内地面是否呈水平，地面是否过滑或过涩。抵趾板的安放是否牢固，其内沿是否与铁圈内沿重合。

落地区标志线的宽度和夹角是否准确。落地区的地面是否符合比赛规则的要求，在铅球落地时，能否留下痕迹。

供比赛使用的不同规格的铅球数量、铅球重心位置、铅球重量和直径是否符合比赛规则的要求，对检查合格的铅球应做好标记。

5. 做好岗前培训、加强安全意识

在主裁判的领导下进行全组裁判实习。实习时，应按照比赛的程序进行，实习的重点是全组裁判员之间的工作配合以及与其他有关裁判组（如场地器材组、检录组、赛后控制中心、全能裁判组、现场指挥、赛场主持人等）之间的协调。赛前必须多次与计算机终端和激光测距仪操作员一起进行实习配合。加强安全意识，实习中发现问题应该及时进行总结，以确保裁判工作的顺利进行。

6. 检查准备比赛所需要主要物品

红旗 2 面、白旗 1 面、黄旗 1 面、记录器 2 面。

30 米钢尺 1 把。

手套 8 副、扫把、拖把、抹布、水桶、棕垫等。

钢签 2 根。

记录桌 2 张、椅子若干把。

运动员休息用的长凳若干个。

记录用笔、纸、刀、尺、防雨罩。

比赛用镁粉盒和镁粉。

成绩标志牌 25 个。

放置器械的架子 1 个。

秒表 1 块（备用）。

计时器 1 台。

电动显示牌 1 台。

激光测距仪 1 套。

电脑1台，打印机1台。

暂停标志和垃圾桶。

比赛中

1. 入场前准备工作

将铅球比赛所需要裁判用品如：铅笔、秩序册、规则、竞赛须知等有关用品准备好。穿好比赛裁判服、戴好胸卡。做好一切赛前出发准备工作。

到达比赛场地安全检查入口，接受安全检查和查验裁判证件。经过内环通道到达裁判入口处。

经裁判员入口验证进入裁判员休息室。

全体裁判员集合，主裁判点名，强调工作要求与注意事项。

2. 入场

赛前60分钟，主裁判带领全组裁判员按照大会规定的路线准时整队入场，入场后认真检查比赛场地。器材和激光测距、计算机终端共同进行赛前校对等准备工作。提前领取田赛远度项目成绩记录表。

3. 组织赛前练习

运动员到达比赛场地后，首先由主裁判向所有参赛运动员宣布比赛的注意事项和要求，然后组织运动员按照比赛顺序在裁判员的监督下进行练习试掷。练习试掷应该符合比赛规则的要求，注意安全。在比赛前5分钟停止一切练习，整理比赛场地和器材，所有裁判人员应做好各自准备，以便开始比赛。

4. 赛前介绍运动员

赛前5分钟，运动员停止练习，裁判员组织运动员成一列横队面向主席台站好，由赛场主持人介绍运动员。

5. 准时比赛

必须按照大会规定的比赛日程时间准时开始比赛。比赛开始前，主裁判在投掷圈前中央，举手向场地内外的裁判员示意，当确认一切准备就绪时，主裁判退至投掷圈外的适宜位置，并撤离暂停标志牌，电动显示牌显示试掷运动员的号码、姓名和轮次，并从这一瞬间开始启动计时器计算运动员该次试掷的时限。

运动员开始试掷后，内场主裁判和助理裁判员应注视运动员试掷动作的全过程，认真观察运动员是否有犯规情况，直至其在圈内完成试掷，离开投掷圈时，首先触及的铁圈上沿或外地面应完全在限制线的后面。

运动员掷出铅球后，外场主裁判应密切注视铅球的着地点是否完全落在落地区标志线内沿以内。快速、准确地判断铅球落地是否有效，当铅球落地出现失败无效时，外场主裁判应立即举红旗示意。

落地裁判员应密切注视铅球的飞行方向，当运动员的铅球出手后应迅速移动自己的位置，在铅球落地后尽快赶到落地点，以便快速地准确判断铅球落地的位置。

运动员试掷结束，内场主裁判立即走进投掷区，成功上举白旗，失败上举红旗，将旗支臂上举约 3 秒钟示意，以便使观众或运动员都了解试掷是否成功有效。

试掷成功，内、外场成绩测距员应立即进行成绩测量。外场落点裁判员面对内场，插好测距反射镜，内场测距员操作测距仪测定试掷成绩，在主裁判的监察下经复核检测无误后上报成绩；记录员记录成绩、计算机录入成绩、显示屏公告成绩（如试掷失败，也要记录、录入、显示失败符号）。当成绩显示屏旋转回原位后。消去本次显示，按照主裁判的示意，再显示下一试掷运动员的号码，比赛继续进行。

测量成绩时，内场裁判员应在投掷圈内放上暂停标志，以示目前裁判员正在工作，运动员尚不能进行试掷，测量成绩完毕时，内场裁判员撤掉暂停标志，如一轮结束有创新记录时，主裁判应示意外场主裁判插上新一轮记录旗，主裁判等一切就绪退至原来的位置，显示屏通知下一个运动员开始试掷。

记录员应认真观察内、外场裁判员的判决，准确做好记录，当测距员判读成绩时，记录员应该立刻做好记录并复述一遍，以保证成绩记录准确无误。检查记录员应对记录员和计算机操作员的录入、显示屏的显示进行监看，以免发生记录或显示错误。

6. 规则的执行

比赛中，主裁判有关裁判员应注意观察运动员是否有违法规则的情况（如接受帮助，擅自离开比赛场地，有不道德的言行等）。如有此类情况发生，应及时报告田赛裁判长予以警告或处罚。

在比赛中运动员超纪录时，应及时通知田赛裁判长及技术官员，保留超纪录的现场，以便进行核查。

当所有参赛运动员完成前三次试掷后，由记录员对在前三次试掷中有效成绩最好的前 8 名运动员进行重新排序后，经主裁判认可后，对前 8 名运动员进行第四、五轮次试掷。运动员完成第四、五轮次试掷后，由记录员根据前 8 名运动员前五次试掷有效成绩进行重新排序，经主裁判检查后，进行第六轮次试掷。

在前 3 次试掷中未进入前 8 名的运动员，由管理裁判员将其带至赛后控制中心。

如运动员比赛有兼项请假，主裁判每次可允许该运动员在某一轮的比赛中，以不同于赛前抽签排定的顺序进行试掷。如果该运动员后来轮到试掷时未到，一旦该次试掷时限已过，则应该视该次试掷为免掷。

在比赛中主裁判与管理裁判员看到时限员上举黄旗时，及时提醒运动员注意时限。当时限到黄旗落下，主裁判立即上举红旗，并放置暂停标志，判该运动员该次试掷失败。记录员、计算机操作员均记下失败符号，成绩显示屏显示该运动员的试掷失败符号。如果到时限时，运动员已经开始试掷，应允许进行该次试掷。

比赛中，如果某运动员对试掷失败的判罚立即作出口头抗议时，主裁判应及时通知田赛裁判长，该裁判长可以在其权限内下令测量并记录该次试掷的成绩，以便保留所有有关的权利。

7. 裁判旗示

在投掷项目比赛中，通常有两名主裁判手中持有红、白旗帜各一面，用来示意运动员试投是否成功。举红旗表示试投失败，成绩无效；举白旗表示成功，成绩有效。其中一名站在投掷区附近的称为内场主裁判，主要判定运动员在试投过程中是否犯规；另一名在落地区内的称为外场主裁判，主要判定器械落地点是否有效。

比赛后

比赛结束后，记录员应对运动员的比赛成绩进行认真检查与排序，并与计算机操作员核对无误后，交主裁判，主裁判应对该项目的成绩和名次进行认真核对并与计算机操作员对计算机录入的成绩核对无误后，并交田赛裁判长、技术官员签名确认后，计算机操作员方可将决赛成绩向赛会终端确认。最后由记录员将手工记录成绩单送交赛会竞赛秘书处。

由管理裁判员带领前 8 名运动员经混合区至赛后控制中心。

全体裁判员整理比赛场地和器材。

裁判员整队退场。

主裁判组织全体裁判员在裁判员休息室内进行工作小结，准备布置下一单元的比赛工作。

问题和解决预案

赛前检查铅球抵趾板内沿是否与铁圈内沿重合，抵趾板是否牢固。

在运动员采用旋转式推铅球的开始阶段（以右手推铅球为例），右脚摆动时易触及铁圈上沿。在推铅球的缓冲动作阶段，运动员在换腿时也容易触及抵趾板上沿。

进行裁判工作时，主裁判应选择合适的位置，不受场内其他任何环境的影响，认真仔细观察运动员比赛时两脚的动作。

主裁判应在比赛开始前向运动员介绍有关比赛要求和安全的注意事项。在比赛中维持比赛场地的良好秩序。内外场裁判员还要落实裁判组内服务员的安全措施。

当运动员比赛中途弃权退出比赛时，退出比赛前成绩有效。

当运动员第一次试掷成功，成绩有效，并且进入前 8 名，但第二次试掷中因违反体育道德或有不正当行为被取消比赛资格，运动员第一次成绩有效，但不参加后三次试掷，以第一次试掷有效成绩为决定名次的成绩。

赛前主裁判应与比赛场地内的医疗站取得联系方式，协商当出现运动员受伤时联系方式，明确协助医疗人员现场救助的组内裁判员，以防出现忙乱。

充分调动组内每名裁判员的工作积极性，对裁判工作中一旦出现小的纰漏，要按照裁判员制定的预案及时做好补救工作。

比赛中，加强对运动员服务广告的管理。

残奥会参赛级别

残奥会田径比赛级别根据田赛和径赛分别在级别前加 T（径赛）和

F（田赛），全能比赛则加 P 前缀，总体共分如下级别：

视力障碍运动员（矫正视力）（田赛和径赛使用相同级别）：

男子 F11 级运动员投掷铅球中

11 级运动员双眼无感光，全盲。

12 级运动员的视力为从能识别手的形状到 0.03 和（或）视野小于 5 度。

13 级运动员的视力从 0.03 以上到 0.1 和（或）视野大于 5 度小于 20 度。

脑瘫运动员（田赛和径赛使用相同级别，31～34 级需要使用轮椅，35～38 级不需要）。

31～38 级（数字越小，残障程度越高）。

脊椎损伤运动员

51～58 级（数字越小，残障程度越高，径赛不使用 55～58 级的级别）。

截肢运动员共分 9 个级别分别参加轮椅组和非轮椅组比赛。

其他残障运动员（在 T 或 F 前再加上 LA 前缀）：

1～6 级（数字越小，残障程度越高，田赛中 1～4 级可使用轮椅，径赛中 1～2 级可使用轮椅，径赛没有 5～6 的级别）。

铁饼比赛的裁判工作

编制

（1）主裁判1人。

（2）裁判员5人：内场裁判员1人、落点主裁判1人、落点裁判员3人（2人协助判定落点、1人负责放置丈量反射标记）。

（3）记录员2人。

（4）管理裁判员2人。

（5）计时员1人。

（6）丈量员2人。

（7）服务员4人。

中小型运动会

内场：主裁判1人、内场成绩测量员1人、记录员1人。

外场：主裁判1人、成绩测量员1人、服务员1人。

职责

（一）主裁判：

（1）执行有关条款、重点注意有关铁饼、链球比赛的各项规定。

（2）领导本组成员完成工作。

（3）规定旗示，记录符号，提出所需要器材，用具清单。

（4）检查场地、器材和仪器设备。

（5）掌握比赛，控制比赛进程，处理问题。

（6）接收运动员，并向他们提出要求。

（7）检查成绩并签字。

（8）监察内场裁判员的判决工作。

（9）听取技术官员，及时改进工作。

（二）裁判员的职责

1. 内场裁判员

（1）掌握比赛时间，控制比赛进程。

（2）同主裁判协作，判定试掷是否成功，并以旗示表明。

铁饼、链球在圈内从静止开始，允许运动员触及铁圈内侧。掷链球时：第一，在预摆和旋转前的开始姿势中，运动员可将球体放在圈内或圈外地面。第二，如果链球球体触及圈内或圈外地面或铁圈上沿不判犯规。运动员可以停止试掷以便重新开始投掷。运动员未违反投掷的有关规则运动员可中止已开始的试掷，可将器械放在投掷圈、助跑道内或外边，也可离开投掷圈或助跑道。但必须遵守离开投掷圈的规定。

规则中规定：

如果运动员在试掷中出现下列情况，判为投掷失败：

（1）推铅球或掷标枪出手姿势不符合规定。

（2）在进入投掷圈内并开始投掷之后，身体的任何部分触及铁圈上沿或圈外地面。

（3）推铅球时，身体的任何部分触及了抵趾板除内侧的任何部分。

（4）掷标枪时，身体的任何部分触及助跑道标志线或线外地面。

注：运动员在器械落地后方可离开投掷圈或助跑道。在圈内完成试掷，离开投掷圈时，首先触及的铁圈上沿或圈外地面要完全在圈外白线的后面。该线后沿在理论上能通过投掷圈圆心。

2. 落点主裁判的职责

（1）管理落点裁判员。

（2）负责判定铁饼或链球的落点，并以旗示表明。

（3）指挥服务员，将铁饼或链球送回内场。

第一次触地面时，触及了落地区角度线或落在落地区角度线以外，将判为失败。

3. 落点裁判员的职责

（1）判定铁饼或链球是否完全落在角度线内沿以内和确切的落点位置。

（2）在分工负责各自落地区的基础上，2 人协助落点主裁判判定铁饼或链球的落点，1 人负责放置丈量反射标记（插旗）。

有关旗示的问题：

（1）当内场裁判员将平举的红旗放下，退出投掷区，时限员开始启动计时器，运动员进入投掷区开始试掷。运动员试掷结束，内场裁判员立即走进投掷区，面向外场，将旗直臂上举，以示试掷是否有效。器械落地后，落点裁判员判定是否有效，有效不举旗。外场裁判员面向内场插好旗或拉钢尺进行成绩丈量。落点无效，上举红旗（3 秒）以示落点试掷失败。

（2）内场裁判员红旗平举，表示禁止试掷。撤掉红旗，表示准许试掷，时限开始。上举白旗，表示试掷成功。红旗表示失败。外场落点裁判员使用一面红旗。试掷有效不举旗，试掷失败举红旗。器械出界，上举红旗，然后指向出界方向。

（3）内外场旗示的配合，内场试掷犯规，由内场裁判员举红旗，外场落点裁判员不举旗。外场落点无效或器械出界，由外场落点裁判员举红旗，内场裁判员不举旗。如遇内外场试掷都犯规，内外场裁判员都举红旗。

4. 记录员的职责

主记录员的职责：

（1）核实运动员的试掷顺序。

（2）记录、复读运动员的试掷成绩。

（3）和管理裁判到赛前控制中心对运动员进行检录。

检查记录员的职责：

（1）监察主记录员的记录结果是否准确。

（2）独立记录运动员的试掷成绩。

记录符号：

成绩相等：如成绩相等，应以其次优成绩判定名次。如次优相等，则以第三优成绩判定。余此类推。

5. 计时员

当试掷时限剩下15秒时持续举黄旗向主裁判示意。

6. 丈量员的职责

7. 记录测量距离最小单位

测量：

（1）从球体落地痕迹的最近点取直线量至投掷圈内沿，测量线应通过投掷圈圆心。测量距离最小单位为0.01米。

8. 管理裁判员的职责

（1）检录工作

检查运动员的服装、号码（前后佩戴），运动员不得拥有录像机、录音机、移动电话及无线通讯设备。并检查手上是否有绷带，应始终保证两个或更多的手指不能捆在一起。链球运动员的手套，除拇指其他手指尖应露出，手掌和手背部须光滑。

（2）陪同临时请假的运动员离开比赛场地，并将运动员带回继续比赛。

（3）护送比赛结束的运动员到赛后控制中心。

赛中工作

1. 入场与检录

在每一个比赛单元，全组裁判应按大会规定的时间（通常在比赛前 1 个小时）和路线准时整队入场，入场后认真检查比赛场地和器材，提前领取田赛远度项目成绩记录表。根据竞赛规程规定的检录时间（通常在比赛前 30～40 分钟），指派该裁判组的记录员和管理裁判到赛前控制中心对运动员进行检录。检录时对运动员的服装、号码和所携带的物品是否符合规则进行检查，并注意运动员的手上是否缠有绷带。

2. 组织赛前练习

检录完毕，将运动员整队，按事先确定的路线带至比赛场地。到达比赛场地后，由主裁判向运动员宣布比赛的要求和注意事项，然后组织运动员按比赛顺序进行练习。运动员进行练习时，必须处于裁判员的监督下。在比赛前 2～3 分钟停止一切练习，整理比赛场地和器材，所有裁判人员应做好准备，以便开始比赛。

3. 准时开始比赛

按规定时间准时开始比赛。比赛开始前，主裁判站在投掷圈中央，举旗向场地内外的有关裁判员示意，当确认一切准备就绪时，主裁判退至投掷护笼外的适当地点，并由记录员宣布比赛开始。此时，记录员宣布开始试掷的运动员的号码、姓名和轮次，并从这一瞬间开启计时器或秒表，以计算运动员试掷的时限。

4. 裁判员的站位

运动员试掷时，主裁判和助理裁判员应呈对角线的位置分别站在投掷护笼外的左前方和后方，观察运动员在试掷时是否有犯规现象。

5. 裁判旗示

运动员试掷完毕退出投掷圈后，内场主裁判方可举旗示意运动员的试掷是否有效。

6. 判定落点

运动员试掷时，外场裁判员应密切注视铁饼或链球球体的着地点是否完全落在落地区标志线内沿以内。落点裁判员应在运动员的铁饼或链球出手后迅速移动自己的位置，在器械落地后尽快赶到落地点，以便尽快找到准确的落地位置。当器械落地出现犯规时，外场主裁判应立即上举红旗示意。

7. 成绩测量

当主裁判宣布试掷有效时，内、外场成绩测量员应立即进行成绩测量。测量成绩时，外场测量员应将钢尺的“0”点对准铁饼或链球球体落地痕迹的最近点，内场测量员应将钢尺拉直，并通过投掷圈的圆心。主裁判进行成绩判读时，助理裁判员应在一旁确认，以免判读有误。

8. 成绩记录

当主裁判宣布运动员的试掷成绩时，记录员应大声复述一遍，以保证成绩记录准确无误。在比赛中如果设有检查记录员或计时员，应对记录员的记录进行监看，以免发生记录错误。完成成绩测量和记录后，主裁判退至原来位置，记录员宣布下一个运动员开始进行试掷。

9. 比赛的重新排序

前 3 次试掷结束后，应对运动员的成绩排名，第 4、5 次的试掷顺序，应与前 3 次试掷的排名相反。最后一轮的试掷顺序应与前 5 次试掷后的排名相反。如果出现成绩相等，试掷的顺序将按运动员前3次的抽签顺序进行试掷。

10. 打破纪录

在比赛中如有运动员打破纪录时，应暂停比赛，保留器械的落地痕迹和破纪录使用的器械，并立即通知有关裁判长到场审核成绩。

11. 赛场要求

在比赛中，有关裁判员应注意运动员的言行，不允许运动员进行练习，也不允许运动员离开比赛现场或与场外人员交谈。

12. 兼项和请假

运动员有兼项比赛，主裁判每次可允许运动员在每轮次试掷中，以不同于赛前抽签排定的顺序进行试掷。如果运动员错过比赛的试掷，则不应给予其补试机会，应判其该次试掷失败。

工作重点难点

（1）在进入旋转地开始阶段，运动员的脚在摆动或旋转时易触及铁圈上沿。在投掷铁饼出手阶段，运动员在换腿时，其脚也容易触及铁圈上沿。进行裁判工作时，裁判员应采取合适的位置和观察角度，仔细观察运动员两脚的动作，必要时，坐在小凳上从较低的角度进行观察。

（2）运动员完成试掷退出圈外时，首先触及的铁圈上沿或圈外地面必须完全在圈外白线的后面。

（3）在比赛中，当裁判员判定某运动员试掷失败时，如果该运动员立即提出口头抗议，主裁判可下令测量并保留该次试掷的成绩，然后报告田赛裁判长处理。

（4）在掷铁饼比赛时，外场落点裁判员应根据铁饼飞行方向，及时移动自己的位置，做好铁饼落地后尽快赶到落地位置，以免将该次铁饼的落地痕迹与旧的痕迹相混淆。

（5）在掷链球比赛时，外场落点裁判员的位置不应离链球过近，应与之保持适当的距离，以免发生危险。

（6）在掷铁饼和链球比赛中，一旦发生铁饼或链球碰撞挡网后又落在落地区内的情况，如果运动员没有犯规现象，则成绩仍然有效。

（7）有关裁判员应在比赛开始前向运动员讲解有关完全的注意事项，在比赛中维持比赛场地的良好秩序。

PART 9 赛事组织

铅球运动的赛事组织

铅球运动比赛项目有奥运会铅球项目、世界杯田径赛铅球项目、世界田径锦标赛铅球项目等。世界铅球运动由国际业余田径联合会（IAAF）负责管理。

奥运会田径项目——铅球

奥运会铅球比赛是指将铁球或者铜球尽可能地向远投（以推的动作扔），男子铅球比赛用球重达7.26公斤。女子铅球比赛中，铅球重达4公斤。奥运会铅球分为男子铅球和女子铅球。

参赛选手须从投掷圈内投掷，投掷圈直径为2.135米（7英尺），圈前部大概10厘米（4英寸）处有一木质抵趾板。

在铅球落地之前，选手不得离开投掷圈。自夏季奥运会开始举办之时，铅球比赛就是其中一个项目。2名决赛选手都有三次投掷机会。前8名决赛选手还有另外三次机会。

铅球世界纪录保持者

男子铅球世界纪录由美国选手兰迪·巴恩斯保持，成绩为 23.12 米（75 英尺 10.2 英寸）。

女子铅球世界纪录由苏联（俄罗斯）选手纳塔莉亚·利索夫斯卡娅保持，成绩为 22.63 米（74 英尺 2.9 英寸）。

铅球奥运会纪录保持者

奥运会男子铅球纪录由前民主德国选手乌尔夫·蒂默曼在 1988 年汉城奥运会上创造，成绩为 22.47 米（73 英尺 8 英寸）。

奥运会女子铅球纪录由前民主德国选手伊伦娜·斯卢皮亚内克在 1980 年莫斯科奥运会上创造，成绩为 22.41 米（73 英尺 6 英寸）。

铁饼运动的赛事组织

铁饼运动的比赛项目有奥运会铁饼项目、世界杯田径赛铁饼项目、世界田径锦标赛铁饼项目、国际投掷赛铁饼项目等。

奥运会田径项目——铁饼

铁饼起源于公元前 12 世纪至公元前 8 世纪希腊人投掷石片的活动。公元前 708 年第 18 届三代奥运会列为五项全能项目之一。铁饼最初为盘形石块，后逐渐采用铜、铁等金属制作。现代奥运会史上，曾经有过双手掷铁饼的比赛项目（左手 + 右手）。铁饼可用木料或其他适宜材料制作，男子铁饼重 2 公斤，直径 22 厘米；女子铁饼重公斤，直径 18.1

厘米。比赛时，运动员应该在直径 2.50 米的圈内将饼掷出，铁饼必须落在 40 度的角度线内方为有效。男、女铁饼分别于 1896 年和 1928 年被列为奥运会比赛项目。

国际田径联合会

世界铁饼运动由国际业余田径联合会（IAAF）负责管理。国际田联 1912 年成立于瑞典斯德哥尔摩，现有会员国 210 个，总部设在英国伦敦。

联合会的宗旨是：开展世界田径运动；在所有会员之间建立友好关系；采取必要措施反对种族、政治和宗教信仰歧视，为不同种族、不同政治态度和不同宗教信仰的运动员参加国际比赛消除障碍；制定国际比赛的章程和规则，保证会员之间的比赛按田联制定的章程和规则进行；与新的国家田协联系，解决在田径运动中出现的有争议的问题；与奥运会组委会合作举办田径比赛；制定世界纪录登记规章。中国于 1928 年加入该组织，后由于政治原因于 1958 年退出，1978 年国际田联恢复了中国在该组织的合法地位。

世界杯田径赛

世界杯田径赛（IAAF World Cup in Athletics）是由国际田联（IAAF）主办的一项高水平田径赛事。

20 世纪 70 年代前，世界性田径赛，只有国际田联与国际奥委会共同举办的奥运会田径赛。进入 20 世纪 70 年代后，国际田联从 20 世纪

60年代中期就已开始的欧洲杯田径赛中得到启迪，想仿效欧洲杯赛，组织与之类似的世界性田径赛，借以促进世界特别是亚非田径运动的发展。经过多年酝酿，1975年组办这类比赛的方案基本形成。随后国际田联向各国和地区田径组织征询了有关意见、1976年7月第二十一届奥运会期间国际田联会议正式通过决议。决定举办世界杯田径赛，每两年一届，赛期在奥运会前一年或后一年。

1977年于联邦德国杜塞尔多夫举行了首届世界杯赛，随后1979年于加拿大蒙特利尔、1981年于意大利罗马召开了第二届和第三届。1981年第三届杯赛后，按理第四届应在1983年举行。因国际田联首次组办的另一种世界赛——世界田径锦标赛定在该年，杯赛改期在1985年于澳大利亚堪培拉举行。并从此开始，杯赛由两年一届改为四年一次，赛期固定在奥运会后一年。

世界杯田径赛只举行决赛，参赛的共8个队：美国队；欧洲杯冠亚军各1个队；五大洲每洲各1个队，由所在洲田联选拔产生。但是，1981年第三届杯赛于罗马举行时，东道主意大利单独派了1个队出席，成为9个队。在1989年和2002年东道主也派队参加了比赛。

杯赛每个项目各代表队限一人或一队（接力项目）参加。计前八名团体总分，办法是：单项或接力赛第一名8分，第二名7分，余此类推。

世界杯赛设置的项目相对来说较少。从1977年至1985年的四届，男子固定为20个，无竞走、马拉松和十项全能；女子项目略有变化，1977年为14项；1979年增加了400米栏；1985年又加设了10000米，发展到16项，同男子一样，未设马拉松和全能项目。世界杯赛是第一个将女子400米栏、3000米跑列入世界性大赛的。

PART 10 礼仪规范

运动员赛前准备活动

在田径比赛中，准备活动的好坏直接关系到参赛运动员能否发挥出真实水平，是取得优异成绩和防止运动损伤的关键。

作为一名教练员，应当充分运用体育科学理论指导训练工作，重视和改进赛前的准备动作，圆满完成比赛任务，不断提高比赛成绩，力争培养出高水平的运动员。

赛前准备活动的生理机制

在做准备活动后，体温略有升高，身体会感到微热，适度地增强体温可提高神经传导的速度，使肌肉粘滞性降低，提高血液中红细胞与氧的结合力。在进行准备活动后，体内新陈代谢提高，左心室的充盈时间与射血时间缩短，提高心脏工作效率，同时血液阻力减小、血乳酸水平下降，肌肉收缩与放松的速度加快，使机体处在良好的准备状态。因此，赛前做准备活动，能提高大脑皮层和中枢神经系统的兴奋性，促进各系统器官互相进行协调活动，克服机体的生理惰性，为机体发挥更大的工作效率而做好准备。

赛前准备活动的种类

一般性准备活动

一般性准备活动由走、慢跑开始，之后进行几分钟的徒手操练习，这些练习后进行一些静力性柔韧练习，特别注意活动那些柔韧性较差的部位。

专门性准备活动

专门性准备活动与运动项目有关系，要在比赛中获得最佳竞技状态，掌握好准备活动的量与强度是十分重要的。

例如：如果一个跳远运动员做跳远练习，应该为比赛保存实力，做一些模仿练习。如果有6次跳远机会，运动员应该在准备活动时跳2~3次，以保证最佳的效果在比赛中出现。

接续的准备活动

由于运动员的参赛项目之间间隔短或每次试投后到下轮次有很长时间，要想在下一轮次取得好的成绩，就有必要进行接续的准备活动。如果每次都进行如前所进行的间歇，会使人体原来准备活动的效果下降。一般来说，在准备活动结束后30分钟左右，效果就会逐渐减弱，慢慢会回到原来的状态。但如果在效果消失前5~10分钟时进行慢跑和体操等接续活动，即可保持良好的竞技状态。接续的准备活动的时间长短与内容均在多次的实践中总结，逐步积累。

不同项目准备活动的方法

短跑的准备活动

（1）伸展运动和体操。

（2）从放松慢跑开始，然后逐渐提高速度，使身体的温度升高。最好把前两种方法组合穿插在一起进行，其效果更好，尤其是多加入柔韧性的练习。

（3）不穿钉鞋跑2～3次，要求动作速度要快，幅度要大，特别注意放松。

（4）起跑后的加速练习。听枪等信号做出快速反应，检查从加速跑到最大速度的技术能否很好地发挥出来。

（5）在放松跑、慢跑和体操后，可采用按摩等手段，以达到使紧张的肌肉放松的目的，同时注意保温和休息。注意短跑要求有高度的集中力，因此，这个准备活动不能过长。同时，还要注意动作的速度和幅度。

中跑的准备活动

（1）伸展运动，体操和慢跑等交替进行，和长跑一样，需一定的时间，逐渐升高体温。

（2）采用与比赛相同的速度，间歇跑300～400米。

（3）加速跑应逐渐提高速度，用接近最大速度的速度跑，预先给予刺激。

（4）进行简单的体操伸展运动并注意保持体温和休息。

长跑的准备活动

（1）穿插进行体操和伸展运动，使身体充分舒展，尤其注意各关节活动。

（2）从放松跑开始，提高体温，然后逐渐提高速度。在微微出汗后，测量脉搏数，可知道准备活动的完成情况如何。

（3）在跑的过程中稍加入些体操活动，以调节呼吸。

（4）休息时注意保持体温，但不能躺下休息。长跑是耐久力的比赛，因此既要满足以上条件，还要尽可能地节省能量，若准备活动过多就会疲劳。

跳跃项目的准备活动

（1）体操、慢跑、伸展运动和放松跑等。

（2）进行起跑等练习，可以代替跳跃运动，如跨步跳等。

（3）助跑练习。预先在练习场地进行步点确定助跑，并根据当时具体情况进行必要的调整。

（4）用 1 ~ 2 次全力或者用 80% 的力跳跃，以体会肌肉用力的感觉。

（5）少量体操练习和放松慢跑，按摩与休息。

投掷项目的准备活动

（1）充分进行伸展运动和体操练习。

（2）放松慢跑和放松跑。

（3）和跳跃的助跑练习一致，准确细致地进行投掷助跑。

（4）全力或用 80% 的力量进行数次试投获得直接感觉。

（5）按摩和休息。

准备活动的时间和强度

准备活动的强度和时间取决于个人的具体情况，强度应掌握适宜，过小达不到要求，过大又能引起机体疲劳。准备活动的时间一般应在 45 ~ 80 分钟，运动员在比赛前 20 分钟应减量，约在赛前 10 分钟结束准备活动，但也应根据各项目的特点有所差异。

铁饼、铅球比赛的观看礼仪

任何一项历史悠久的体育运动都承载着其特定的文化，田径也不例外。田径爱好者应将观看比赛当作是感受运动之美，感受生命魅力的行为。

田径是奥运会中最大的项目，在观看田径比赛时一般要注意以下几点：

观赛铁饼运动

（1）观摩比赛应提前入座，这样，既尊重运动员，也不影响他人观看比赛。

（2）颁奖升旗奏歌时，应肃静起立，不要谈笑或做其他事情，以示尊重。

（3）运动员出场时，观众应该给予鼓励和掌声，不只给予本国的和自己喜欢的运动员，还应包括其他的运动员。

（4）当运动员开始跳跃、投掷项目助跑时，观众可以根据运动员的助跑节奏鼓掌，注意不要在看台上随意走动。

（5）在高度项目比赛中，即使运动员水平再高，最终都要以自己所不能逾越的高度而告终。所以当运动员成功越过某一高度时，我们应该向运动员表示祝贺。但是，当运动员最终未能越过更高高度的横杆而结束比赛时，观众也应该向运动员报以热烈的掌声。

（6）在进行短距离径赛项目时，当运动员站在起跑线后，宣告员开始介绍每位运动员时，观众应报以热烈的掌声和欢呼声，以表示对运动员的喜爱和支持。当裁判员发出“各就位”口令后，即运动员俯身准备起跑时，赛场应保持绝对的安静，观众不要鼓掌呐喊，而应该在心里默默地为运动员加油，以免使场上运动员由于场外因素而分神。当发令枪响后，观众就可以完全释放出自己的活力和激情为自己的偶像呐喊助威了。

观众们观看残疾人铅球赛事

（7）在一些长距离项目中，如马拉松，当远远落后的运动员坚持到终点时，观众应该把最热烈的掌声送给这些运动员，为其重在参与的精神鼓掌。

（8）比赛结束时，获胜运动员为答谢观众一般还会绕场一周，大家一定要用掌声和欢呼声为其精彩表现表示欣赏和鼓励。

（9）把赛场当作自己的家去爱护。赛场内禁止吸烟，手机要关机或设置在振动、静音状态。

运动员参赛心理

重大比赛前，要紧紧掌握运动员，特别是重点运动员的思想状况及在整个比赛中的思想变化；赛前应理顺各种关系，创造一个宽松、和谐的思想环境。

重大比赛前，在精神上要压倒对手，树立敢打必胜的信念；对比赛不抱侥幸心理和不切实际的幻想，不背思想包袱，保持良好心态，振奋精神去夺取胜利。

心理准备要落实到身体、技术和战术训练中去，要与思想准备紧密结合。

良好的心理素质水平是一种技能，是长期训练的结果。赛前心理准备对取得比赛的胜利有着十分重要的意义，一方面需要通过扎实系统的训练，将技术调整到最佳状态，以增强运动员的比赛信心；另一方面采取模拟比赛等多种训练形式，提高运动员的适应能力和应变能力。通过分析比赛的具体情况，让运动员心中有数，在各种困难和复杂的情况下，保持沉着和冷静，排除各种干扰，集中注意力，保持良好心态，团结战斗到投完最后一个球。

具体应注意：

（1）指标要切合实际，切忌“层层加码”。

（2）思想上不能顾虑重重。

（3）赛前要充分估计比赛中可能出现的各种情况，针对不同情况制定相应的对策。

投掷运动员在平时的训练和正式比赛中，心理和身体的感受都会有很大的不同。在正式比赛当中，运动员需要在动作感觉上有“自由自在”之心；在投掷技巧上要有“勿究细致”之心；在投击信心上要有“平心静气”之心。大多数比赛都是要在规定的时间内完成的，因此运动员在放松心态的同时还要保持精力的高度集中和适度的兴奋。

PART 11 明星花絮

铅球运动项目

背向滑步投掷技术的创造者——帕里·奥布莱恩

帕里·奥布莱恩是美国著名铅球运动员，背向滑步投掷技术的创造者，被公认为曾是世界上最为优秀的铅球运动员。1952 年首次参加奥运会，奥布莱恩就以 17.41 米的成绩夺得金牌。1953 年奥布莱恩以 18 米的成绩第一次打破了世界纪录，成为世界上第一个突破“18 米大关”的运动员。

帕里·奥布莱恩在训练中

奥布莱恩1932 年1 月28 日出生于美国加利福尼亚州的圣托摩尼克。受父亲的影响，他从小就非常喜爱体育运动。在一次偶然的机会，体育教师发现了他的投掷才华，从此他与铅球结下了不解之缘。17 岁时，他的铅球成绩达到了 16.42 米，排在当时世界第 12 名。为了能进入国家奥林匹克代表队，奥布莱恩开始了艰苦系统的专项训练，然而他的成绩却提高很慢。爱动脑子的奥布莱恩并没有灰心，在训练中针对自己的弱点，加强了力量和速度的训练，并开始摸索一种新的推铅球技术。

为了加长推铅球时的工作距离，增大人体对铅球的作用力，他采用了背对投掷方向，滑步推球的新技术进行练习，运动成绩有了很大的提高。在美国田径冠军赛上，他以 17.04 米的成绩第一次战胜了 4 破世界纪录的富克斯，随后又以 17.38 米的成绩获得了参加奥运的资格。1951 年奥布莱恩首次在铅球比赛中采用旋转式投掷的动作，开创了铅球运动全新的篇章。一开始有不少人嘲笑他的投掷动作，但是当奥布莱恩以 17.41 米的成绩在 1952 年获得奥运会冠军之后，这些人都乖乖地闭上了嘴巴。1953 年奥布莱恩以 18 米的成绩第一次打破了世界纪录，成为世界上第一个突破“18 米大关”的运动员。1954 年他又连续四次打破男子铅球世界纪录。

帕里·奥布莱恩

1956 年 9 月 3 日，奥布莱恩以 19.06 米的成绩再创世界纪录，成为有史以来第一个突破“19 米大关”的运动员。同年他以 18.57 米的成绩打破了奥运会纪录，并蝉联冠军。

奥布莱恩统治了铅球运动很长一段时间，在 1952 年至 1956 年的时间内，他连续在 116 次比赛中获得胜利，并且成为了第一个能够将铅球投掷到18米以及60英尺以外的人，后来他又突破了19米大关，并卫冕了奥运会男子铅球冠军的头衔。在1959年，奥布莱恩两次刷新了男子铅球的世界纪录，成绩分别为19.26米（未获国际田联承认）和19.30米。

之后，奥布莱恩参加了1960年罗马奥运会，获得了男子铅球的银牌，1964年以19.20米的成绩获得了东京奥运会的第四名。虽然最终他没能超越同胞雷德·马森特在当时的创造的世界纪录，但是奥布莱恩一直没有放弃过努力。1966年，奥布莱恩在34岁高龄再次创造了个人的最好成绩19.69米。翻开他的比赛成绩单，他一直在刷新着自己的最好成绩，不断的取得进步。奥布莱恩的一生是执著进取，不断追求的一生。奥布莱恩施第一个采用背向滑步投铅球技术并获得重大成功的运动员。从某种意义上来说，这是铅球史上的一次技术革命。新的技术不仅确保他获得两次奥运会金牌，而且使他连闯18米、19米两个大关，10次改写世界纪录，这一技术一直流传至今。1959年他获得美国“沙利文奖”。奥布莱恩也是为数不多登上过《时代》杂志封面的运动员，他运用物理学的原理详细地解释了旋转式投掷的科学根据，表示这种投掷方式通过延长聚力的时间，可以令运动员以更大的力量将铅球投掷出去，从而获得更好的成绩。

1984年在洛杉矶奥运会，他是手持奥林匹克五环旗入场的8名美国奥运明星之一。他1954年连闯男子铅球世界纪录，被评选为“100个金色时刻之一”。

投掷女王——塔玛拉·普雷斯

塔玛拉·普雷斯是苏联著名投掷运动员，奥运会铅球、铁饼的双料冠军，被誉为“投掷女王”、“投掷女金刚”。

1937 年 5 月 10 日出生于苏联的哈尔科夫。当她很小的时候，父亲就在卫国战争中英勇牺牲，从此她们母女三人相依为命，生活得十分清苦。由于普雷斯所在的学校离家较远，她每天总是跑步上学，从不迟到。几年的跑步“训练”，普雷斯的身体素质增强了，并且逐渐显露出田径才能。在学校田径运动会上，她经常获得好名次。

塔玛拉·普雷斯

1955 年 17 岁的普雷斯在全国中学生运动会上获得了铅球冠军。第二年她来到列宁格勒，在著名教练阿历克谢耶夫指导下进行训练，成绩有了新的突破。1958 年在欧洲田径锦标赛上，普雷斯初露锋芒，以 52. 32 米的成绩获得了女子铁饼冠军。1959 年她以 17. 25 米的成绩首次打破女子铅球世界纪录。1960 年 23 岁的普雷斯第一次参加罗马奥运会，就以 17. 32 米的成绩夺得女子铅球金牌，并以 52. 29 米的成绩获铁饼银牌，同年她以 57. 15 米的成绩首次打破了女子铁饼世界纪录。从 1959 年开始，普雷斯 10 次改写了女子铁饼和铅球的世界纪录。当她 1964 年来到东京第二次参加奥运会时，已是万众瞩目的“投掷女王”了。在这届奥运会上，她捍卫了自己在铁饼和铅球领域的霸主地位，以 57. 26 米和 18. 14 米的成绩夺得了铁饼和铅球两枚金牌，并创造了奥运会纪录。1965 年她又创造了铁饼 59. 70 米、铅球 18. 59 米的世界纪录。

在普雷斯的一生中，她 12 次创造世界纪录，两次参加奥运会共获 3 枚金牌、1 枚银牌。她曾获得苏联功勋运动健将称号和“列宁勋章”。1961 年、1962 年被英国《田径周刊》评选为“世界最佳女子田径运动员”。

“铅球王”乌多·拜尔

乌多·拜尔是前民主德国世界级铅球运动员，被誉为世界“铅球王”。

“铅球王”乌多·拜尔

拜尔 1955 年 8 月 9 日出生于前东德埃森乌斯塔特镇一个体育世家，他从小臂力过人，十分喜爱体育运动。

拜尔 14 岁时开始进行铅球训练，仅过一年就获得了全国少年比赛的冠军，1971 年他又成为全国青年冠军。由于拜尔身体素质好，训练刻苦认真，他的运动成绩直线上升。1973 年他的铅球成绩达到 19.65 米，跨入世界优秀运动员行列。1975 年他把铅球推到了 20.97 米，排名世界第四位。1976 年 7 月拜尔首次参加第 21 届奥运会，他面对强手毫不畏惧，以 21.05 米的成绩力挫群雄，夺得了奥运会金牌。1978 年 7 月 6 日，拜尔以 22.15 米的成绩第一次打破男子铅球世界纪录。

1980 年他第二次来到奥运赛场，由于临场发挥欠佳，只获得了铜牌。1983 年 6 月 25 日拜尔以 22.22 米的成绩打破了他自己保持近 5 年的世界纪录。1984 年由于前民主德国抵制洛杉机奥运会，使他失去了夺冠的机会。1986 年拜尔以 22.64 米创造了个人最高成绩，并第三次打破男子铅球世界纪录。1988 年，年已 33 岁的拜尔第三次参加奥运会，获得第四名。

在拜尔的一生中，他三次打破世界纪录，三次获得世界杯田径赛冠军，一次获奥运会冠军，被世界公认为“铅球王”。他所取得的这些成就，不仅应归功于他出色的技术，还应归功于他出类拔萃的身体素质。他的100米跑成绩为11秒2，跳高为1.94米，跳远为6.85米，这在世界级投掷运动员中都是极少见的。

运动健将——济宾娜·加琳娜

济宾娜·加琳娜生于1931年，身高1.68米，体重79千克。1952年7月26日的第十五届赫尔辛基奥运会上，她在恶劣天气情况下仍将铅球推出了15.28米，创造了她体育生涯中的首个世界纪录，也为苏联赢得首枚奥运金牌。这枚金牌极大地鼓舞了刚刚结束艰苦卓绝的反法西斯战争的苏联人民。

担任火炬手的济宾娜

此后多年，她一直保持着在这一项目上的优势，并四次参加奥运会，八次刷新世界纪录。获得苏联功勋运动健将的称号，并访问过中国。

她的最好成绩是在1964年33岁时创造的17.50米。在她从1946年到1968年长达22年的比赛生涯中，有近20年的时间一直处在世界一流水平。

“铅球女王”伊伦娜·斯卢皮亚内克

伊伦娜·斯卢皮亚内克是前民主德国著名女子铅球运动员，被誉为“铅球女王”。

斯卢皮亚内克 1956 年 9 月 24 日出生于前东德的德明。她自小活泼好动，十分喜爱体育运动。1970 年经体育老师推荐，14 岁的斯卢皮亚内克进入“迪那莫”体育俱乐部，开始进行铅球训练。当年她的铅球成绩是 12.50 米，在全国同年龄组中名列第一。第二年她把成绩提高到 13.32 米。1972 年 16 岁的斯卢皮亚内克已成为全国斯巴达克运动会的冠军。1974 年她的成绩达到 19.23 米，进入了世界优秀运动员的行列。

1975 年她以 20.12 米的成绩突破“20 米大关”跃居世界第五位。1976 年斯卢皮亚内克首次参加奥运会，就以 20.54 米的成绩获得第五名，引起了国际田径界的关注。奥运会后，斯卢皮亚内克认真分析了自己的情况，决定把技术、力量和速度作为突破口，开始了更加艰苦和系统的训练。

“铅球女王”伊伦娜·斯卢皮亚内克

1977 年她的成绩突破了“21 米大关”，并在第 1 届世界杯田径赛上以 20.93 米夺得金牌，首次成为世界冠军。1978 年她又以 22.6 米的成绩跃居世界第一位。1979 年她在第 2 届世界杯田径赛上以 20.98 米的成绩蝉联冠军。

1980 年是斯卢皮亚内克运动生涯中最辉煌的一年。她先是以 22.36 米和 22.45 米的成绩两破世界纪录，接着又以 22.41 米的成绩夺得奥运会金牌。1981 年在第 3 届世界杯田径赛上以 20.60 米的成绩第三次蝉联冠军。1983 年她获得首届世界田径锦标赛铜牌。1984 年由于前民主德国抵制洛杉矶奥运会，使她失去了蝉联奥运会冠军的机会。在斯卢皮亚内克的运动生涯中，她两次打破世界纪录、三次获世界杯冠军、一次获奥运会冠军、连续6年获世界第一，被世人誉为“铅球女王”。

中国铅球女将——李玲

李玲的铅球生涯始于小学五年级。李玲爆发力极强，而且灵活，在一些短跑类项目中，成绩出色。对于自己究竟如何入选为铅球运动员，李玲至今也搞不太清楚。“那会儿可能就是看我比较壮吧！”李玲憨厚地笑了笑，“我小时候就是粗壮型的，可能觉得我够力气，看上这一点了，再有就是肩宽，这一点对于铅球运动员而言是非常重要的。”

中国选手李玲在伦敦奥运会比赛中

2006年李玲与老将李梅菊一起出战多哈亚运会，李玲以18.42米拿下亚运会金牌，成为中国女子铅球接班人的热门人选。一年后李玲在大阪世锦赛上就将个人最好成绩一举提高到19.38米，并获第四名。

然而从那之后，这个性情直爽的辽宁女孩就一再与教练闹矛盾。随着与教练的分分合合，李玲的成绩不仅停滞不前，反而有所滑落，在2008和2009赛季，她的赛季最好成绩一直在19米以下。

2008年7月，在北京奥运会前夕，李玲毕业于天津师范大学，与此同时，她升级为这所高校的研究生。

“不同的教练有不同的风格。”李玲与海利尔的合作从2010年9月7日开始，虽然时间有限，但是非常愉快。心情好了，李玲也迅速走上了正轨。10月30日在新西兰举办的一场比赛中，李玲投出了19.26米的个人赛季最好成绩。

由于刚刚回国不久，李玲在广州亚运会上给自己定的目标是 19 米到 19.40 米，也就是争取达到以前的个人最好成绩，没想到却一下将最好成绩提高到了 19.94 米。在本次比赛中，李玲后 3 投的成绩全部在 19.40 米以上。

李玲的性格相当外向，而且特别随和，更难能可贵的是，她不满足于只是做运动员的角色，所以通过自己的努力拿到了本科文凭。

“我自己并不觉得胖很难看，其实我的手很巧，还会给卡通娃娃设计衣服呢。”李玲相当自信地说出了这句话。

平日里，李玲爱好广泛，训练结束后喜欢听音乐来调节自己的身心，而且非常喜欢卡通玩具。一次采访中，记者送给了她一个非常可爱的卡通玩具，李玲惊喜万分，连连道谢。后来一次去北京，记者在国家集训队偶然遇到了李玲，她还记得送玩具一事，再次表示感谢的同时，还回赠给了记者一顶帽子，让人感觉到了她的可爱之处。

中国铅球女将李玲成功卫冕冠军

李玲的最大愿望是获得世界冠军，所以她将刘翔看做自己的偶像。平日里，只要国家队集训，她就会找机会向刘翔请教。可以说，李玲在亚运会上取得的良好成绩和她自己的努力以及良好的心态有相当大的关系。遇困难不退缩，取得成绩后不骄傲，有着这样的心态，李玲的成绩稳步提高也就不奇怪了。

她曾这样说：“铅球推出去的一瞬间，感觉到了全身心的释放。这种感觉打个比方来说，就好像一个很重的物体压在自己身上，再推开的一瞬间，便感觉到全身轻松自在，就是这样一种释放。”铅球对于李玲而言，已不再仅仅是一种技巧与力量的结合，而是已经上升至愉悦精神的高度。

崇秀云——亚洲女子铅球冠军

1938年春天，崇秀云出生在滨海县五汛镇四份村一个贫苦农民家庭，排行老二。哥哥参军后，农村艰苦的生活养成了她吃苦耐劳、爱好劳动的品德，也铸造了她健壮的体魄和开朗活泼的性格。

崇秀云在比赛中

崇秀云自幼喜欢运动，在五汛镇四份小学读书就酷爱打篮球，练就了一手好球技。少年崇秀云力气过人，一百多斤重的水车车钵，她一人扛在肩上能过独木桥。1955年，五汛举行全区小学生运动会。崇秀云站在运动场外看人家投掷铅球，有人看到她那副跃跃欲试的样子，便让她也试试。她毫不犹豫走到投掷圈内，抓起铅球用力一投，结果，竟超过了划定的最远的一条石灰线，飞进了安全区！在场的人们都被她的表现惊呆了。之后，校方又推荐她参加县田径运动会，她竟然以惊人的成绩，将手榴弹扔到观众席后面。经有关部门对她全面体检，发现她身体发育不同常人，尤其臂部肌肉非常发达，一个难得的体育人才就这样脱颖而出了。

1957年7月，崇秀云第一次去南京参加全国田径运动会，获乙组第六名。初次的胜利使她更加热爱铅球运动项目。继而，她进入射阳县临海中学学习，她一边读书，一边在体育老师指导下刻苦训练。有时没有铅球就用石块代替，运动成绩不断上升。1958 年夏天，她参加在青岛举行的全国第一届中学生运动会，以 11.22 米的成绩获得女子铅球冠军。国家女子铅球教练郑仁强欣喜地发现她是棵好苗子，决定调她到国家队集训。从此，崇秀云步入了她运动生涯的转折期。

当时，她家里连路费都出不起，是组织上给她解决了去北京的车票和行李被褥。崇秀云从心底感到只有加倍苦练本领，多得奖牌，才能报答党的关怀和培养。她早起晚睡，在教练科学系统地指导下，自觉加大运动量，训练场上留下了她比其他队员更多的身影和汗水。1959 年 6 月，崇秀云首次出国去前苏联参加东欧社会主义国家友谊田径赛，获得第六名。3 个月后，她以 14.38 米的佳绩一举夺得第一届全运会女子铅球冠军，成为亚洲第一个突破女子铅球 14 米大关的选手和女子铅球亚洲纪录创造者。

1964 年，崇秀云主动接受了我国女子铅球项目赶超世界先进水平的攻关计划，目标是跻身世界十强。在训练中，她首创“三从一大”的训练原则，即从难、从严、从实战出发，进行大运动量训练。她的技术训练、投掷次数、力量练习、运动强度及质量等指数较过去均有大幅度增长，超强度训练使她的右手明显比左手宽大。功夫不负有心人。1965 年 9 月，崇秀云在第二届全运会上六次试投有四次改写全国纪录，再获全国冠军。同年 10 月，她回江苏参加大、中学生田径运动会，终以 16.61 米的佳绩跻身世界第九名，实现了自己的目标。

崇秀云（左二）打破女子铅球国家纪录

1966 年 11 月，崇秀云代表祖国赴柬埔寨金边参加亚洲新兴力量运动会，首创亚洲女子铅球最高纪录。站在颁奖台上，面对冉冉升起的五星红旗，她禁不住热泪盈眶。这次比赛之后，她佳绩迭出，分别在印尼、波兰、捷克斯洛伐克、匈牙利、阿尔巴尼亚等国举行的重大国际比赛中连连夺魁，这位质朴的农民女儿威震国际体坛。

1973 年 8 月，崇秀云被国家体委任命为国家女子铅球队教练，培养出了一大批国内优秀的女子铅球运动员。其中，得意门生沈丽娟、吕诚、丛玉珍多次在国内外重大比赛中夺得金、银牌，黄志红还成为我国女子铅球世界冠军。

1983 年 9 月，崇秀云被确诊患有恶性小唾液腺癌。但她以坚强不屈、百折不挠的拼搏精神最终战胜了死神。1984 年，崇秀云开始自学《人体穴位》、《人体脏腑按摩》、《点穴按摩》等理论，还到国家体委科研所、中国针灸研究所进修按摩推拿功夫，学习针灸和临床实践。崇秀云后来成为体育界有名气的医疗专家，国内外众多的体育医疗机构邀请她访问讲学。1991 年，她随中国康复代表团应邀到莫斯科东方气功康复研究中心工作一年多，在异国他乡，她热心为众多的外国友人祛病解痛，留下许多佳话，当地医疗部门还向她颁发了荣誉证书。

推铅球的“小提琴手”——张竣

名师出高徒。当年，中国田径铅球名将隋新梅屡屡在国际赛场上摘金夺银。如今，她的“得意门生”、28 岁的张竣站到伦敦奥运会的田径赛场上。难能可贵的是，这是中国男子铅球选手在奥运会上的第一次“闪亮登场”。

十多年前，隋新梅相中了张竣。1.84 米的个子，敦实的身材，加上出色的爆发力，隋新梅第一眼就知道，这个小伙子是块练铅球的料。

刚到上海田径队那会儿，张竣用的还是滑步投掷，但是隋新梅很快就让他改成旋转投掷：“一方面是因为国外优秀运动员都在用旋转投掷，另一方面是因为张竣练过小提琴。”隋新梅说，“旋转技术非常讲究节奏，张竣在这一点上，非常有悟性。”

原来，张竣还是个音乐才俊，有一张小提琴业余9级的证书。音乐给了张竣不少“灵感”，让他旋转推铅球的时候，可以准确拿捏提、收、推的火候。

于是，张竣成了国内第一个使用旋转投掷技术的铅球运动员，加上名师隋新梅的“点拨”，张竣开始在国内外赛场崭露头角。

2007年，张竣拿到了全国冠军赛的第二名。之后，他的成绩稳步提升，19.49米、19.58米、20.41米……后来，他更是将卡塔尔名将哈巴士保持的亚洲室内纪录足足提升了7厘米。中国男子铅球终于冲出亚洲，踏进了奥运会。

一般来说，28岁的运动员已经可以算得上是“老将”。但隋新梅说，铅球运动员在这个年纪出成绩“刚刚好”，当年她自己也是31岁拿到奥运银牌。但是对于第一次踏上奥运征途的张竣来说，最吃亏的就是缺少世界大赛的经验。

这几天，隋新梅正在给弟子进行“模拟测验”：“每一投前给他设定这轮的即时名次，设定不同的场景，让他用不同的战术和节奏去投。”

张竣已经成为中国男子铅球“第一人”，在亚洲范围内也排得进前三，但是欧美选手始终是世界男子铅球的垄断者。

所以，张竣的奥运梦想便是：“希望能进入决赛，让世界看到中国男子铅球也在进步。”

“国际级运动健将”李梅素

中国著名女子铅球运动员，著名田径运动员，亚洲冠军获得者、亚洲纪录保持者，国际级运动健将。1988 年获第 24 届奥运会女子铅球铜牌，实现了中国投掷奥运奖牌“零的突破”。

“国际级运动健将”李梅素

李梅素 1959 年 4 月 17 日出生于河北省新乐县。1976 年进入了河北省田径队，经过严格系统的训练，铅球成绩逐年提高，1982 年以 17.77 米获得第 9 届亚运会女子铅球冠军，并打破亚运会纪录。1984 年她 6 次刷新女子铅球亚洲纪录，成绩分别是 18.20 米、18.28 米、18.30 米、18.34 米、18.41 米、18.47 米。同年在洛杉矶奥运会上以 17.96 米获得第 5 名。1985 年获世界室内田径运动会第 4 名和亚洲田径锦标赛第 2 名。1987 年在第 6 届全国运动会上，李梅素以 20.87 米和 20.95 米的成绩两破亚洲纪录，并获金牌，列当年世界第 7 名。1988 年李梅素达到了运动生涯的顶峰，她先是以 21.76 米的优异成绩刷新了由她保持的亚洲纪录（这一记录一直保持至今），接着在第 24 届奥运会上以 21.06 米获女子铅球铜牌，实现了中国投掷奥运奖牌“零的突破”。这也是亚洲各参赛国在本届奥运会田径比赛中获得的唯一奖牌。

年近 40 岁的李梅素仍活跃在赛场上，并多次在国内外重大比赛中取得优异成绩。她最突出的技术特点是转向速度快。李梅素多次荣获国际体委颁发的“体育运动荣誉奖章”，并多次被评为“全国田径十佳运动员”。

李梅素，这位燕赵大地培育出的一位“神女”，着实是创造了不少的奇迹。她从 16 岁进入河北田径队从事铅球运动训练，到去年 42 岁时仍参加了在广州举行的第九届全运会，并获得第八名。她在26年的运动生涯中为新中国体育事业做出了很多贡献——她一共打破过88次河北省女子铅球纪录；夺得过12次全国正式比赛的冠军；获得过一次亚洲锦标赛冠军；摘取过两次亚运会桂冠；刷新过26次全国纪录和亚洲纪录；参加过3届奥运会，并获得一个第五和一枚铜牌；她所创造的21.76米的成绩，至今在亚洲无人问津。

李梅素的运动寿命之长，在我国体育界尤其是田径圈内可谓创造了奇迹，她是一棵令人敬佩的“常青树”；在其政治生活中，她又是一棵令人赞叹的“不老松”——她从我们党的第十三届代表大会开始当选为正式代表起，又相继当选了第十四届和第十五届党代表，后来她又在河北省光荣地被推举为第十六届全国党代会的代表！

在河北体育界，凡是提起李梅素，没有不伸大拇指的，大家对她的评价可谓众口一词：“这人很难得”，“这人太不简单”，“这人太了不起了”。

李梅素的比赛瞬间

李梅素的领导、河北省体育局局长王国强对李梅素作出了如下评价：“李梅素是河北体育战线上一个过得硬的标兵。她能连续四届被推选为党代会的代表就是一个最好的佐证。在她身上汇集了优秀运动员所具有的许多高贵品质，例如吃苦耐劳、尊重对手、尊重教练、敢于拼搏、精于磨练、爱党爱国、不图索取、只求奉献。她这种人，放在哪里都让人放心。考虑到她的人品、人格和突出贡献，九运会结束之后，省体育局曾征求她的意见，允许她在省体育局系统内选择她所喜欢的任何工作，但她还是选择了担任女子铅球组的教练工作。今年3月，组织上考虑到她的威望以及能力，安排她担任了河北省田径运动管理中心副主任，我们相信她能够胜任这项工作。”

李梅素的教练、我国著名铅球教练员何增生提起她的爱徒来更是赞不绝口：“李梅素这样的运动员，真是天下难找。我以前安排她上训练课，要把不同重量的大铁疙瘩反复地投出去、捡回来，再投出去、再捡回来，这样往返次数可达300多次。有人估算了一下，她一天训练负荷的总重量累计可达二万多公斤，这相当于五辆“解放牌”大卡车的载重量！在她训练的前三年，成绩提高了6米多，幅度之大、速度之快，令人咋舌。直到1988年，她在石家庄创造了21.76米的女子铅球亚洲最高纪录，几乎是一年长一米，这在世界体育史上也是个奇迹！”

李梅素担任奥运火炬手

至于李梅素自己，她说：“我觉得，大家连续四次推举我当选党代表，这是对我最大的褒奖、最大的信任和最大的鼓舞。我认为这是我们运动员最高的荣誉，是无价之宝！我现在就琢磨这么一个事——就是怎样用我的实际行动来报答党组织对我的关怀。我现在带着三个队员，我希望通过我的努力，有朝一日让她们中的某一个人的成绩能够超过我，能在国际赛场上升国旗、奏国歌。也许这才是对所有支持和关心我的人们最好的报答！”

李梅素能从一个农家女成长为一位赫赫有名的国际级运动健将，所行之路，坎坷不平，她之所以能够抗得住、挺下来，完全靠的是一种顽强的毅力和由此派生出的魅力。平心而论，铅球运动在体育项目中当属枯燥无味的一种，每天就是反复地和那些铁疙瘩打交道。可李梅素当运动员时对于苦和累已习以为常，她就像一棵迎风傲雪的冬梅，任凭寒风吹袭、冰雪压枝，却依然争芳吐艳、丽如帛绢。真可称得上是迎凌伴寒独畅放、花落叶败见梅尊！

“一掷成名”的黄志红

中国田径队铅球运动员黄志红 1978 年入浙江省业余体校，开始练标枪，后改铁饼，最后改投铅球。1984 年获运动健将称号。1986 年获国际运动健将称号。1989 年亚洲田径教练员协会在印度新德里授予她 1987 ~ 1989 年亚洲最佳女子田径运动员称号。1986 年、1987 年被评为“国家优秀田径选手”。1989 年被评为全国十名最佳运动员之一。

黄志红 1965 年 5 月 7 日生于浙江兰溪。少年时代的她就多次参加田径训练。1978 年入浙江省业余体校，开始练标枪，后改铁饼，因旋转动作头晕，最后才投铅球，启蒙教练为省体校的王水琪教练。1979 年入浙江田径队，随后被国家队教练崇秀云选入国家集训队训练，当时她还只是个不太出众的小胖姑娘。1983 年崇秀云教练因病入院后，她的训练从此由她的现任教练阚福林接任。几年中，她的成绩提高很快：1981 年为 15. 05 米，1982 年是 15. 50 米，1983 年至 16. 12 米，1984 年成绩达到运动健将标准，并在全国青年田径

“初露锋芒”的黄志红

冠军赛上以 17.04 米获铅球第二名。

1985 年在全国田径锦标赛上，以 18.01 米获得亚军。1986 年在第十届亚运会上，以 17.51 米的成绩摘得铅球比赛的金牌，同年在法国巴黎田径邀请赛上，以 18.43 米的成绩获得第三名，并达到国际级运动健将标准，这一年最好成绩为 18.89 米，列当年全国首位。1987 年 3 月在北京地区冬季田径邀请赛中，以 18.94 米打破全国纪录，7 月在北京地区优秀运动员田径比赛中，以 20.22 米的成绩突破铅球 20 米大关，11 月在第六届全运会上，以 19.55 米的成绩获第三名。

1988 年终于两破亚洲纪录，并在石家庄田径精英赛上，以 21.28 米的好成绩获冠军，这个成绩列当年世界女子铅球第四名，但在同年的第二十四届奥运会上，她仅以 19.82 米获第八名。取得这个名次，对当时壮志未酬的她来说要算一个不小的打击。她投入了更加艰苦的训练。

1989 年 3 月，她参加了第二届世界室内田径锦标赛，再次与世界强手较量，以 20.25 米的成绩获亚军。同年 8 月，在北京地区一次比赛中，她以三次试投均超过 21 米显示了自己的雄厚实力，并以 21.28 米创本年世界第一个好成绩。随后她在原联邦德国杜伊斯堡第十五届世界大学生运动会上，以 20.56 米的成绩夺得冠军。

“一掷成名”的黄志红

同年 9 月，她又在巴塞罗那第五届世界杯田径赛上，以最后一投 20.73 米的优异成绩力挫世界众多好手，再夺冠军，成为第一个在世界三大田径赛中连获金牌的女子运动员，也是中国和亚洲选手在世界杯田径赛历史上夺得的第一枚金牌。

1990年6月，她在全国田径锦标赛中，以21.52米的成绩获得冠军，该成绩列当年世界第二位。

成名之后的她，训练更加认真刻苦，一年之中除了比赛就是训练。1991年在东京世界田径锦标赛上，她不负众望，以20.83米的成绩挫败世界纪录保持者、奥运会冠军及世界众多一流选手，再一次夺得冠军，不仅为中国，而且为亚洲打破了在世界田径锦标赛上金牌“零”的纪录。1991年9月20日在西班牙巴塞罗那举行的国际大奖赛总决赛中，以20.06米夺得女子铅球之冠，列当年国际大奖赛总分第一名。

黄志红，中国田径历史上唯一在世界杯、世锦赛和奥运会上都获得奖牌的选手。对于一名运动员来说，能够在运动生涯创造这样的佳绩已经是凤毛麟角了。但是对于黄志红而言，她曾经有机会把“三大赛奖牌得主”的称号升级为永载史册的“三冠王”伟业。遗憾的是在1992年的盛夏的巴塞罗那，黄志红没能够把握住这个千载难逢的机会，60厘米的差距使得她与“三冠王”的称号擦肩而过。黄志红是中国田径队在1992年奥运会夺金最大的希望。正当所有人都认为她将摘得中国田径奥运首枚金牌从而创造历史的时候，她却没能够完全发挥出自己的水平，把“首金得主”的称号“让”给了女子竞走选手陈跃玲。黄志红的奋力一掷仅换来了20.47米的成绩，她的主要竞争对手却出人意料地掷出了21.06米的好成绩。就是这60厘米的差距使得黄志红遗憾地与奥运金牌擦肩而过。

奥运惜败并没有让黄志红就此消沉，在1993年斯图加特第四届世界田径锦标赛和1997年伦敦的第七届世界杯田径赛中，黄志红再度证明了她在女子铅球领域的王者地位。除了在田径场上一次次创造辉煌，“黄氏微笑”也成为了一道亮丽风景线，她的笑容甚至使得她显得越发高深莫测，给对手施加了更大的压力。即使失利，黄志红也很难让人看到她的沮丧，更加让人体会到她那种能够承受任何挫折、永远奋进的强者气概。

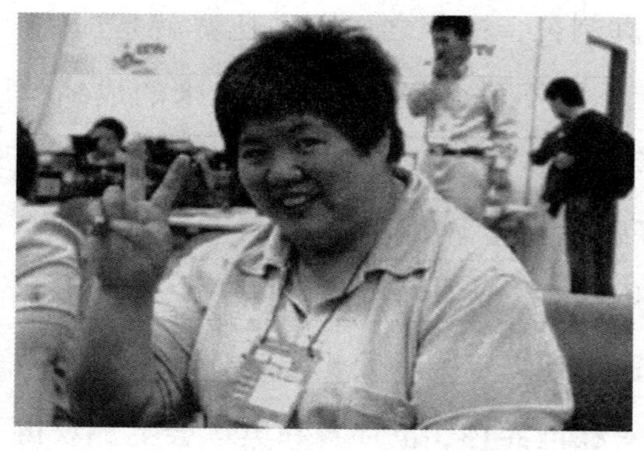

“黄氏微笑”依旧灿烂

1984 年获运动健将称号。1986 年获国际运动健将称号。1989 年亚洲田径教练员协会在印度新德里授予她 1987～1989 年亚洲最佳女子田径运动员称号。1986 年、1987 年被评为“国家优秀田径选手”。1989 年被评为全国十名最佳运动员之一。1993 年获亚洲田径联合会颁发的金质纪念章；1994 年被评为“1993 年度中国体坛女性十大风云人物”、“建国 45 周年体坛 45 英杰”之一；1999 年入选“新中国体育五十星”。

国际级女子铅球运动员——隋新梅

隋新梅，山东省招远市人，代表上海队参加比赛。前国际级女子铅球运动健将，获得 1996 年亚特兰大奥运会银牌，1990 年北京亚运会和 1994 年曼谷亚运会金牌。1992 年任运动员兼教练员。1997 年从国家田径队退役，回到上海市体育局田径队，任投掷队运动员兼教练员。2001 年 10 月任教练员。自 1992 年兼任教练起，隋新梅先后培养出多名优秀铅球运动员，是上海市 2008 北京奥运会火炬传递活动的火炬手之一。现为上海市体育局体工队田径队铅球队教练员，中级职称。

隋新梅 1977 年入招远市体校（招远竞技体校）田径队，师从林文慰教练。1979 年入选烟台市重点业余体校（烟台市体育运动学校）投掷队，师从杜锡才教练。1981 年 9 月考入上海体育学院运动系，师从张乃行教授。1985 年分配到上海体育运动技术学院田径队，师从王宝玉教练进行铅球专项训练。1987 年年底入选国家体委训练局田径队作运动员，师从阚福林教练。从 1986 年起，在任运动员期间，先后在全国、亚洲和世界女子铅球比赛中取得了一系列的辉煌的成绩，成为国内外体坛最优秀的女子铅球运动精英之一。1986 年 10 月，参加全国田径冠军赛，以 18.87 米的成绩首次获得女子铅球全国冠军。1990 年 3 月，参加全国室内田径比赛，以 21.10 米的成绩打破亚洲女子铅球室内纪录；9 月，参加第十一届亚洲运动会田径比赛，以 20.55 米的成绩获女子铅球金牌。1991 年 3 月，参加第三届世界室内田径锦标赛，以 20.54 米的成绩获女子铅球金牌。这是中国体坛诞生的第一个田径项目的世界冠军。1994 年 10 月，参加第十届亚洲运动会田径比赛，以 20.45 米的成绩获女子铅球金牌。1995 年 9 月，参加第十届亚洲田径锦标赛，获女子铅球冠军。1996 年 8 月，参加第二十六届奥运会田径比赛，获女子铅球银牌。1997 年 10 月，参加第八届全运会田径比赛，以 20.25 米的成绩获女子铅球金牌。1991 年以 21.66 米的成绩、1994 年以 20.74 米的成绩，两次雄踞当年世界女子铅球成绩排名榜首位。

隋新梅

隋新梅于 1988 年至 1997 年间先后 6 次荣获上海市优秀共产党员称号。1990 年荣获全国三八红旗手称号。1990 年至 1996 年，4 次被评为全国十佳田径运动员。1995 年荣获上海市十大杰出青年称号。1996 年被授予国家体育运动一级奖章。1996 至 1997 年，2 次荣获上海市新长征突击手称号。

担任火炬手的隋新梅

幼时即在烟台体校开始铅球训练，1981 年考进上海体育学院，毕业后进上海市田径队，1988 年入选国家田径队。训练十分认真，能与高大的欧洲运动员相抗衡。1986 年获全国冠军赛冠军，成绩 18. 78 米。1988 年掷出 20. 08 米的成绩。1989 年获第八届亚洲田径锦标赛铅球亚军，成绩 19. 29 米。1990 年在第十一届亚运会上以 20. 55 米的成绩获女子铅球金牌。是年在北京的一次田径赛上，掷出 21. 66 米，逼近亚洲纪录并创造了年度的世界最好成绩。1991 年 3 月，以 20. 54 米成绩，夺得第三届世界室内田径锦标赛女子铅球冠军。1993 年在第四届世界田径锦标上，以 19. 61 米的成绩获第四名。1994 年第十二届亚运会上，再次掷出 20. 45 米获得金牌。同年还在第三届友好运动会上以 20. 15 米获金牌。后因有伤，成绩下降，但仍征战赛场，在第十一届亚洲田径锦标赛上以 18. 87 米夺冠，在世界田径锦标赛中以 19. 09 米获第五名。1996 年参加第二十六届奥运会，在带伤的情况下掷出 19. 88 米获得亚军，这是中国田径史上首次获得的奥运会投掷项目银牌。1985 年获运动健将称号。1989 年获国际运动健将称号。1990 年被评为全国十佳运动员。1991 年获全国“三八”红旗手称号，获国家体育运动荣誉奖章。她现任上海田径运动中心投掷组教练员，带领的运动员成绩都非常优异，她平时对队员都非常好，大家亲切地叫她“隋妈妈”。

“人活着就是要活出一股劲来！对自己做的事情有信心。”透过隋

新梅的眼睛，我们仿佛看到了昔日赛场上的她。恐怕很少有人能够完全理解一个成功的女铅球运动员需要付出些什么，同样，人们也很难领会到一个称职的女铅球教练意味着什么。

关心隋新梅的人也许会知道她曾经多次在训练比赛中受伤，但估计没有人知道她受了多少次伤，伤到什么程度，恐怕就连她自己也不清楚。一位曾经给隋新梅做过膝部手术的专家说：她的膝盖磨损程度跟六七十岁的老人差不多。作为上海铅球队主教练，隋新梅刚刚结束在北京的冬训，由于训练强度比较大，她的膝盖再次受伤，肿胀得很厉害，甚至连上下楼都要别人搀扶着才可以，但她硬是坚持着没下训练场——“只要我能坚持得住，不影响我对队员的训练，我就一定会在场上。”

隋新梅与孩子们亲切的交流

一般人可能不认为铅球是个“技术活”，但事实并非如此。“看起来很简单的东西往往蕴含很复杂的技术，在那么短的距离和范围内如何发挥更大的速度和力量，这就需要动作简捷、精益求精。”也许正因如此，她才会对技术如此“着迷”。队员小左说，在北京集训的时候，有天夜里她正在睡觉，突然听到隋新梅的房间传来砰的一声。她连忙进去看，发现教练一条腿撑在床架上另一条腿站在地上，正在模拟投掷动作。“我在想这样做动作是不是好一点。”隋新梅可能没想到会吓弟子一跳，连忙笑了笑。很多动作，她自己要先做做试试看是否可行，等成熟了才放手让弟子们做。

当然，要造就“最好”的队员，重塑中国女子铅球的辉煌，光有热情跟“小智小谋”是不行的，作为一名教练员还必须掌握科学的训练方法。隋新梅说，人跟人是不同的，因此要针对每个运动员的不同特点、不同情况制订训练计划。看来隋新梅早就实现了从冠军到一名合格教练的转变。“平时一有空，我就想着充充电，”她露出了朴实的笑容，“上网查查资料、翻翻书什么的。”“教练应该掌握系统的体育方面的理论。”

米娜残奥会铅球比赛成功卫冕

在伦敦残奥会第六个比赛日，我国田径运动员米娜在F37级铅球比赛中，以12.20米的成绩打破由她自己保持的该项目世界纪录，成功卫冕该项目冠军。

比赛中，米娜第一投就投出了12.20米，打破了其本人保持的11.89米世界纪录。而第二名的成绩仅有11.04米。

中国选手米娜在比赛中

米娜1986年出生在石家庄市行唐县安香乡米霍口村的一个农村家庭。F37级优秀残疾人投掷运动员，患有脑瘫的她从小就表现出了对体育运动的极大爱好，尤其是田径运动的竞技项目。到上中学的时候已在所在县取得了不少好成绩。

2004年是米娜体育生涯的一个转折点。河北省残联选拔青少年残疾人运动员时，在亲人的鼓舞下，在龙州中学就读高中的米娜报名参加了海选。在参选的200多名残疾人当中，米娜进入预选，经过短暂的训练，米娜入选了省集训队。在省集训队米娜表现出了更高的运动天赋，再加上她刻苦训练，开始崭露头角。经过1年多的艰苦训练，2005年米娜开始参加各种类型的体育比赛，在各类全国比赛中开始崭露头角，取得令人欣慰的成绩。

米娜在颁奖仪式上

2008年北京残奥会上，不负众望，米娜包揽F37/38级铅球及铁饼两枚金牌，并双双创世界纪录。2010年全国残疾人田径锦标赛上，米娜再次囊括了F37级铅球和铁饼冠军，同年广州亚残会上，米娜再次以高超的技艺夺得女子F37级铅球、铁饼第一，并在标枪比赛中获得第二名。2011年第八届全国残疾人运动会上，米娜再次夺得F37级铅球第一名（超世界纪录）、铁饼第一、标枪第二名。在2011年IPC田径世锦赛上，获铅球第一名，铁饼第一名，标枪第三名。

铁饼运动项目

奥运会传奇人物——罗伯特·加勒特

铁饼比赛是奥运会最古老的项目和优势，也是古代奥运会的标志性运动。1896年，在雅典举行的第1届奥运会上，来自美国的田径运动员罗伯特·加勒特，获得掷铁饼和投铅球两项冠军。他是现代奥运会第一个铁饼冠军的获得者。这本身就是一个奇迹，然而，还有更奇怪的事情，加勒特在参加奥运会之前根本不知道铁饼是个什么样的。然而这个从来没有见过铁饼的人竟然获得了掷铁饼冠军，的确让人不可思议。

罗伯特·加勒特

加勒特是美国普林斯顿大学的学生和田径队队长，在第1届奥运会之前，他只见过古希腊雕塑家米隆所作的《掷铁饼者》雕塑的照片。当他得知第1届奥运会将在雅典举行，并且设有铁饼比赛项目时，对此产生了浓厚的兴趣。他曾四处打听哪里有铁饼和如何掷铁饼的方法，结果这一切都是徒劳。他只得请人按《掷铁饼者》雕塑里铁饼的模样仿造了一个铁饼，并模拟塑像的姿势进行训练。可是当发现仿造的铁饼非常笨重且难以投掷时，他放弃了参加铁饼比赛的念头。

第1届奥运会开始以后，加勒特作为美国代表团的一员，准备参加铅球项目的比赛。铅球比赛的前一天是掷铁饼比赛，这天一名希腊选手帕拉斯瓦普罗斯把铁饼掷到了29米的地方，全场观众庆贺胜券在握。可是，在场观战的罗伯特·加勒特也跃跃欲试，当场报名参战，因规则允许，这位从未见过标准铁饼是什么样的美国人上场了，他模仿希腊人的投掷动作，投了2次，找到了感觉。第3次试投时，他右臂后伸，然后用力一挥，铁饼飞到了29.15米以外，比希腊选手的最佳成绩远了15厘米，硬是从希腊人手中抢走了冠军，场上观众、裁判对他的惊人表现目瞪口呆。而观众却为这位初学乍练的美国选手欢呼鼓掌。之后，加勒特还在铅球比赛中夺得冠军，并在跳远和跳高项目上获得亚军，成为首届奥运会获奖牌最多的田径选手。

后来，加勒特在1900年的第2届奥运会上获得了投铅球和立定三级跳远的铜牌。然而最让人们难忘的仍是他在首届奥运会铁饼比赛中的最后一掷。

奥运史上四连冠第一人——阿尔弗雷德·厄特

阿尔弗雷德·厄特是美国著名铁饼运动员，现代奥运史上第一位4次连获田径金牌的选手，被誉为“铁饼之神”。也是奥运史上继丹麦帆船运动员保罗·埃弗斯特隆之后取得如此成就的第二人。

1936年9月19日，厄特出生于美国俄勒冈州的阿斯托里亚，之后在洛杉矶长大。其父是德国移民的后裔，母亲是捷克人。这个血管中流着两种血液的小伙子从小受父亲影响酷爱体育，运动场是他每天的必去之地。

阿尔弗雷德·厄特

厄特臂力过人，投掷铁饼也就成了他的特殊爱好。起初他只是一味地把铁饼甩出去，不知道如何用力才能投得更远。后来他从家里的钟摆上得到启示，经过无数次反复练习与改进，他采用了当今较为流行的转体投掷方法。

1952年春天，美国纽约长岛举行中学运动会，一个掷出的铁饼落在了跑道附近，一名参加赛跑的中学生捡起铁饼，朝着飞来的方向奋力掷出。

掷回的铁饼画了一个优美的抛物线，结果令人惊讶，落地的铁饼远远超过掷出的地点。一个田径教练员发现了这位少年的投掷潜力，决定让他参加铁饼训练。就此，一个历史上最杰出的铁饼运动员在这意外的一掷中诞生了。

这名美国少年的名字叫阿尔弗雷德·厄特。

掷铁饼是古代奥运会的比赛项目，也是现代奥运会上最早设立的比赛项目之一。

掷铁饼的确是一项技术难度极大的运动，然而任何体育项目中都有天才存在，阿尔弗雷德·厄特就是天才的掷铁饼者。

他的能力很快超出了他的年龄，在 1956 年墨尔本奥运会举办前，阿尔弗雷德·厄特已经是世界排名第六。

在墨尔本奥运会上，19 岁的阿尔弗雷德·厄特一鸣惊人，第一次试掷就创造了 56.36 米的奥运会纪录，获得了自己的第一枚奥运金牌。

赛后这位天才很自信地说："不赢得 5 枚金牌我决不退出。"这是追求，也是宿命之语。

1955 年，19 岁的厄特初露锋芒，以 52.27 米的成绩创造了全国青少年纪录。为了能取得更优异的成绩，厄特根据自身条件对技术做了改进。他以转动前倾的上体加大了参与转动的身体部分的重量，使头部、左臂及躯干以较大半径开始旋转，从而获得更大惯性（这一技术后来被西德女运动员利·维斯特曼和苏联的加·萨温科娃所采用，两人都刷新了女子铁饼世界纪录）。他 1.93 米的身高和 125 公斤的体重，对于发挥这种技术相当有利。

技术动作的改进加上刻苦训练，厄特的成绩直线上升。1956 年他首次参加奥运会，就以 56.36 米的成绩获得金牌。

1960 年罗马奥运会如期而至，三年前经历了几乎丧命车祸的阿尔弗雷德·厄特，出现在罗马田径场上。

这时候他的主要对手是曾经在国内选拔赛中击败他的理查德·巴布卡。到了奥运赛场上，巴布卡依然保持优势，成绩领先阿尔弗雷德·厄特。

在最后一投前，巴布卡做出了一个高尚举动，他指出阿尔弗雷德·厄特的左臂在铁饼抛出之前位置不正确，阿尔弗雷德·厄特马上意识到自己的问题。

最后一掷马上见效，掷出打破了奥运纪录的59.18米，领先巴布卡。此时阿尔弗雷德·厄特非常希望巴布卡的最后一掷能更远，此时谁获金牌已经不重要，但巴布卡没能做到。

阿尔弗雷德·厄特的第二枚奥运金牌充满了奥运精神。

1964年东京奥运会，27岁，正是当打之年的阿尔弗雷德·厄特本来会吸引所有人的目光，让所有人关注他创造出三连冠奇迹的可能。

阿尔弗雷德·厄特在比赛中

可是，阿尔弗雷德·厄特捆着冰袋，带着止痛药出现在铁饼赛场，在赛前训练中他的颈椎错位、胸骨骨折。看到这位昔日冠军如此境况，没有人认为他能染指这块金牌。更何况捷克运动员达内克已连续45次在国际比赛中赢得了胜利。

阿尔弗雷德·厄特摘掉绷带上场了，他奋力一掷掷出60.50米的奥运会新纪录。

但这个纪录很快就被达内克重新改写，这种僵持一直到第五次试投时，阿尔弗雷德·厄特竟然神奇般地掷出61米，又一次更改了奥运纪录，第三枚金牌到手了。

1968 年墨西哥奥运会上，阿尔弗雷德·厄特已经 31 岁。此时他不仅依然是天才，而且还拥有着丰富的经验。他以稳定的心理状态克服雨天带来的困难，以 64.78 米的成绩第四次收获奥运会铁饼金牌，成为现代奥运史上第一位四次连续获得田径金牌的选手，被誉为“铁饼之神”和美国铁饼的“常青树”。阿尔弗雷德·厄特的第四块奥运金牌诠释了公平竞争的魅力。

第二年阿尔弗雷德·厄特宣布退役。人们以为这个铁饼天才永远谢幕了。但在 7 年后，年过 40 的他出人意料地复出，立志要夺得第五块奥运会金牌，而且初次测验就投出 55 米。一位老年病学者为他做了体检后说：“你的体格和状态就像个 20 岁的青年！”从此，厄特开始有规律地训练，无论天气好坏都坚持不懈。

阿尔弗雷德·厄特重拾铁饼，参加美国 1980 年奥运会选拔赛，44 岁“高龄”的厄特把个人最好成绩提高到 69.46 米，是当年世界第二成绩，再次轰动整个田坛。不过由于他在当年美国奥运会选拔赛上成绩不佳，未被选进美国代表团。后来美国也没有参加莫斯科奥运会，厄特夺第五枚奥运金牌的夙愿未能实现。

阿尔弗雷德·厄特（中）赛后与队友合影

1982 年，国际田联为了表彰他在铁饼运动中作出的杰出贡献，向他颁发了特别奖章，国际奥委会也授予他奥林匹克铜质勋章。1984 年洛杉矶奥运会开幕式上，厄特手持奥林匹克五环旗，成为率先入场的 8 名美国奥运明星之一。

他在奥运会上的突出表现也被评选为“100 个金色时刻”之一。

故事还是没有结束，1984 年洛杉矶奥运会前，47 岁的阿尔弗雷德·厄特跃跃欲试，但伤痛阻止了这位掷铁饼者再次出现在奥运会上。

然而这已经是人类奇迹了，阿尔弗雷德·厄特连续四届奥运会蝉联一个项目的冠军，每一次都打破赛会纪录，这足以让他获得一面奥运特殊纪录金牌。回忆奥运生涯，阿尔弗雷德·厄特说："第一枚金牌最惊奇，第二枚最艰难，第三枚最痛苦，第四枚最满意。"

铁饼"统治者"阿莱克纳

阿莱克纳与坎特是男子铁饼项目上两位最顶尖的选手，在 2007 年大阪田径世锦赛铁饼成绩排名上，前 20 名的成绩榜单上只有两个名字：阿莱克纳与坎特。这其中阿莱克纳占据着其中的 12 个名额，而坎特占据其中 8 个席位。由此也不难看出，世锦赛的铁饼决赛应该就是这两个实力相当选手之间的激烈火拼。

对阿莱克纳来说，他不仅在当时赛季最好成绩排名中占据优势，在与坎特的几次直接"对话"中，阿莱克纳几乎都能笑到最后。然而在世锦赛这样两年一次的田径盛事上，立陶宛人却出现了起伏，结果只能眼睁睁地看着老对手站上最高领奖台，而他只排在第四位，甚至无缘奖牌。

阿莱克纳

阿莱克纳在铁饼上的统治地位遭受到了巨大的冲击，不过这位前世锦赛冠军并没有沮丧很久，他用了一句施瓦辛格在《终结者》当中的经典名句作为自己的宣言："I'll be back（我会再回来的）!"

“最后我失败了，不过这并没有什么。”35 岁的阿莱克纳已经经历过太多，自从 2001 年不敌德国人里德尔屈居亚军以来，这次世锦赛是阿莱克纳的第一次失败。作为奥运会冠军和两次世锦赛金牌得主，他有更多的理由相信自己，尽管他在两年多时间里的 37 场比赛中保持不败的骄人纪录就此终结。

“生活还在继续，原来的我也将会再回来，我会为下个月的斯图加特国际田联总决赛而战，还有明年的奥运会。”阿莱克纳信誓旦旦。

与阿莱克纳相比，28 岁的坎特有着更骄傲的资本——年轻，正是这份骄傲让爱沙尼亚人赢得了他的第一个重大赛事铁饼冠军，而且他还是赛季 72.02 米最好成绩的保持者。不过在荣誉面前，坎特本人却非常冷静，他认为比自己年长 7 岁的阿莱克纳并没有走向没落，“我想他肯定会回来的，你永远不能低估他，想要在奥运会上再次击败他太困难了。”

坎特的小心翼翼是他以前的经验之谈，自从 2004 年开始，他败给阿莱克纳已经不下 30 次了，这一次他成功地打击了这个强大的对手。

阿莱克纳比赛精彩瞬间

坎特是在第三次投掷的时候投出 68.94 米的冠军成绩的，当完成这决定金牌的一投之后，坎特激动地大声叫喊“YES（是的，就是这样）!”凭借以往的经验，他感觉得到他的这一投非常出色。而阿莱克纳的最好成绩仅为 65.24 米，立陶宛老将在最后一投并没有形成威胁，手感不佳的他只投出 63.75 米。

对于自己的状态，阿莱克纳表示："我必须得承认，一周之前我的右小腿受伤了，所以这次比赛之前我就知道情况不会很好，但是我还是期望能拿到一枚奖牌。"可惜立陶宛名将的"最低目标"也没能实现，德国选手哈丁凭借着在第五轮的出色发挥，以 66.68 米的成绩排名第二，荷兰名将史密斯以 66.42 米收获第三。

铁饼"王者"阿莱克纳

赢得冠军的坎特还是向阿莱克纳送上了赞美："他是最优秀的铁饼选手，在最近几年，正是他鼓舞着我不断进步。""在世锦赛这样的大型赛事中，你不太可能将自己的铁饼投掷水平发挥到 100%，如果有人推我一把，我应该能过 70 米大关。"坎特说道，挑战阿莱克纳的"王座"成功之后，坎特的下一目标就是前辈舒尔特的 74.08 米世界纪录，此前爱沙尼亚人投出了 73.38 米个人最好成绩，距离那个被众铁饼选手仰望的成绩只有 0.7 米。

中国女子铁饼队金牌教练张景龙

张景龙，黑龙江人，中国著名铁饼运动员，被誉为"亚洲第一饼"。1990 年举行的北京亚运会上，张景龙登上了铁饼比赛的最高领奖台。1989 年 11 月 27 日张景龙在印度新德里举行的亚洲第八届田径锦标赛上拿到冠军，荣获大满贯，退役后出任女子铁饼国家队总教练。

李艳凤世界杯夺冠让张景龙变身成为世界冠军教练。比赛结束后，当"金牌教头"张景龙走出列车车厢后，已在站台上等候的妻子申庆瑞上前就是一个深情的拥抱，看得出来，这是家人对长年在外带队训练的张景龙最大的褒奖。

铁饼冠军李艳凤的教练张景龙

在田径世界杯前，李艳凤世界排名第6位，而在李艳凤之前的5位名将也都参加了本次田径世界杯。李艳凤参加了国际田联钻石联赛布鲁塞尔站和国际田联挑战赛萨格勒布站两站比赛，分别获得铜牌和银牌，夺冠的都是克罗地亚选手佩尔科维奇。而本届田径世界杯又在克罗地亚举行，主场作战的佩尔科维奇可谓“优势巨大”，另外几名选手也都实力非凡。但李艳凤如何能够“虎口拔牙”，最终实现历史突破呢？张景龙用一个“细”字进行了总结。

张景龙说，克罗地亚海滨城市斯普利特比赛当天的气温很低，只有12摄氏度，赛场铁饼投掷圈的地面又比较滑，这些都影响了选手们的发挥。“机会总是留给有准备的人，赛前我和李艳凤对这样的比赛环境进行了充分的准备，甚至想到了每一个细节可能出现的问题，可以说我们是赢在了比赛细节上。”张景龙说，“63.79米的成绩对于李艳凤来说很一般，但是她在这样的环境下展现出的控制能力和临场发挥都是最棒的。”

尽管11月的广州亚运会是李艳凤首度登陆亚运赛场，但张景龙对弟子的要求并未因此而放松。“世界杯冠军都拿了，亚运会必须拿金牌。”张景龙认为，李艳凤完全具备这样的实力。而对于伦敦奥运会的目标，张景龙此前制定的“力争前六名”被国家体育总局认为“过低”

而驳回，最终改为“力争奖牌”。张景龙表示，从2008年开始，李艳凤的成绩一直在稳步提高，以这样的态势发展，她实现这一目标还是很有希望的。李艳凤在威海训练时，很多次试投成绩都令人颇为瞠目，这个良好的信号得到了张景龙的高度肯定。

比赛是在8月份，天气非常炎热，因为紧张，张景龙在韩国时几乎每天的衣服都被汗水浸湿。“比赛时太紧张了，我衣服全都湿透了。”张景龙告诉记者，“在韩国的时候，比赛之余，也让李艳凤她们出去转转，不过不能去城里，因为大邱的赛场都在市郊，离城市比较远。”夺冠后，黑龙江体育局自掏腰包请大伙吃了13万韩元的烤肉。张景龙也表示，这是特殊情况，平时包括李艳凤、刘翔在内的中国田径队队员们饮食特别严谨，尤其是在肉食方面。

我们都知道，饮食健康和营养均衡与运动员密不可分，许多国家都为运动员准备了专业的营养师团队，在生活和饮食上为每名运动员保证绝对健康。在国内，因为瘦肉精事件的影响，运动员们的“口福”大减，很多运动员都对肉食敢看不敢吃。针对这一问题，张景龙告诉记者，食品问题一直受到中国田径队的重点关注，“我们也一直在密切关注，如果栽在这上面，那对运动员的运动生涯是毁灭性的打击。”据张景龙披露，从兴奋剂检查角度考虑，李艳凤绝对不会喝红牛之类的功能型饮料，而运动饮料她也不会喝，“我们科研室研发了自己的运动饮料，可以有效补充运动员的体能消耗，完全可以自给自足。那些市面上的运动饮料普通人可以喝，

张景龙教练和李艳凤积极备战

因为兴奋剂检测太严格，我们不敢冒险。”至于饮食方面，“因为铁饼这项运动需要很强的力量，所以我们一般都给李艳凤安排以牛羊肉为主的肉类食品。”

“中国田径队的食物全是国家特供的，所以在安全方面十分放心，像刘翔他每星期要回一次家，回家时还会带上我们特供的三四斤猪肉。不过在很早之前，我们就要求李艳凤不能吃猪肉，更不允许她和朋友在外面吃饭。酒精类饮品当然也是绝对不能摄入的，一般她只喝我们自己配制的运动饮料和矿泉水。”

“大器晚成”的孙太凤

孙太凤，中国田径运动员。2007 年世界锦标赛女子铁饼第五，2011 年 7 月 8 日亚洲田径锦标赛在日本神户综合公园体育场结束了第二日赛事，孙太凤以 60. 89 米获得女子铁饼冠军。

孙太凤 1982 年出生，是土生土长的天津人。1995 年 11 月在天津市体校训练，师从刘子新。1999 年 9 月 3 日进入天津市体工大队，跟随李建国教练训练。2006 年，孙太凤入选国家队。同年，孙太凤获得了全国冠军赛女子铁饼亚军、全国锦标赛女子铁饼第三和全国田径冠军赛暨大奖赛总决赛女子铁饼亚军。2007 年，孙太凤又收获了全国田径锦标赛女子铁饼冠军和全国田径冠军赛暨大奖赛总决赛女子铁饼冠军等荣誉。

在 2010 年天津市大学生田径比赛的赛场上，奥运选手孙太凤显得特别低调。不过，孙太凤投掷铁饼的距离还是显示出了她的与众不同。五月艳阳晒得孙太凤的脸颊有些红润，一脸轻松的表情难掩她强大的“气场”。

选择铁饼项目，对孙太凤来讲是件顺其自然的事。“我 13 岁的时候身高就有1.85米了，身体条件不错，当时就想要是不练点什么就太可惜了。”在孙太凤看来，并不是年幼的她选择了铁饼项目，而是这个项目选择了她。孙太凤这一练就是15年，在2007年大阪田径世锦赛上，她取得了第五名的好成绩，大器晚成的她也在中国田径圈里创出了一番名堂。

孙太凤

对于运动员来说，运动伤害是无法避免的，孙太凤自然也不例外。“我的腰有伤，两个膝盖都有骨刺和积水，十多年了。”虽然孙太凤说得轻松，但却令人心疼。理疗是孙太凤缓解伤痛的好办法，比赛前的准备活动也特别重要，“活动开了也就不那么疼了，”她说。孙太凤用自身经验告诫道，运动健身是必不可少的，但千万不要运动过量，要根据自己的情况选择适合自己的健身方式，不能逞强、“玩票”，不然造成运动伤害就得不偿失了。

孙太凤是天津师范大学的一名学生，可她的校园生活和一般的学生不同，训练依然占据了她大部分的时间。孙太凤笑着说：“其实我很向往在校大学生的生活，特别丰富多彩。”在孙太凤看来，她的业余生活有点“宅”，而她愿意“宅”着的原因则是为了保存体力。“以前一到休息时间就有同学约我出去，可一想转天还要训练，我就不愿意去了，浪费体力。”孙太凤谈道。不过，“宅”着也并非不快乐，听歌、上网……对她来说也是极惬意的休闲方式。谈起上网，一下子引起了孙太凤的兴趣，她兴奋地说：“我喜欢上网，无聊时就去‘偷菜’。”说到这里，孙太凤“80后”大女孩的天真也展现出来。

有人说性格决定命运，谈到自己的性格，孙太凤露出了腼腆的一面，她说："我觉得自己性格有点双重性吧，在熟悉的环境中，我就很活跃、很开朗，要是在陌生的环境中，我就会保持安静了。"提起健康之道，孙太凤想了想回答道："我觉得健康就是要运动，要有良好的生活习惯，养成一定的规律。"一般运动员都身体强壮，因为他们除了坚持训练之外，生活作息也极其规律，睡觉定时、三餐定量，这样的生活十分有利健康。

比赛中的孙太凤

虽然离家已经有15年之久，但孙太凤对家依然有着深深的依恋，她说："不管有多累，有多少烦恼，一回到家就全忘了。"还记得刚刚离开家去训练的日子，每次回家时家人都准备好丰盛的饭菜等她。"每次训练累了，我都想跑回家看看，我觉得我不在家时家人肯定不会吃得那么丰富。想到这，我就有了动力。"孙太凤懂事地讲道，"家就是我奋斗的后盾。"

家是放松身心的地方，是温暖的避风港。每到孙太凤遇到困难的时候，家人的鼓励都会令她继续振作，"妈妈其实很心疼我，但总是鼓励我坚持下去，"孙太凤说道，"我没想过放弃，有时只是想听到一句鼓励的话。他们每次鼓励我，我都觉得特别温暖。"有了家人的支持，孙太凤就有了面对一切困难的勇气。

孙太凤坦言，自己是个直性子，只有在家里才能把自己最真实的一面表现出来。每周回家的时间对孙太凤来说是最快乐的时光，尤其是和小外甥女一起玩乐。提起自己的小外甥女，孙太凤不由得开心起来：

"小孩子实在是太可爱了，他们的世界很单纯，没有烦恼。"这种无忧无虑的感觉感染着孙太凤，令她的烦恼、疲倦一扫而空。在家休息就是充电，只有电力充足才能更好地训练和比赛。

中国首位铁饼世锦赛金牌获得者——李艳凤

李艳凤，中国女子田径队运动员。主攻铁饼项目，曾在广州亚运会田径项目女子铁饼比赛中夺得金牌。2011 年 8 月 28 日，在 2011 年大邱世界田径锦标赛中凭借第二投 66. 52 米的成绩，夺得中国首枚世锦赛铁饼金牌，中国田径队收获的本届世锦赛的第一枚金牌。2012 年伦敦奥运会获女子铁饼季军。

在伦敦奥运会之前的预赛中，李艳凤以 64. 48 米的成绩轻松晋级决赛。中国另一位选手马雪君以 62. 66 米的成绩排在预赛第 11 位，惊险闯入决赛，佩尔科维奇、皮什查尔尼科娃等几位夺冠热门者也都顺利晋级。

李艳凤

决赛第一轮，第六位出场的李艳凤发力过猛，结果因为犯规没有成绩。德国选手穆勒进入状态较快，首先投出 65. 71 米，暂列首位。

第二轮，李艳凤逐渐适应了比赛的气氛，她奋力一投取得了 67. 22 米的佳绩。佩尔科维奇同样在本轮发威，投出了 68. 11 米，上升到第一位，李艳凤屈居第二。

第三轮，李艳凤继续尝试更好的成绩，不过她再次因为犯规没有成

掷出铁饼后的怒吼

绩。佩尔科维奇渐入佳境，投出了69.11米的个人最好成绩，进一步巩固了领先的优势。古巴选手巴里奥斯以66.38米排名第三，马雪君前三轮的最好成绩仅为61.02米。按照规定，9～12名不会参加后三轮试投，这样马雪君就获得了第11名。

进入第四轮，李艳凤心态有所起伏，结果又陷入犯规的泥沼，佩尔科维奇同样犯规，名次没有发生变化。第五轮，李艳凤体力有所下降，只投出63.64米，而皮什查尔尼科娃在本轮投出了67.56米，排名超越了李艳凤。最后一轮，李艳凤未能再进一步，最终获得了第三名。

2011年8月28日晚，在韩国大邱举行的2011年世界田径锦标赛女子铁饼决赛中，李艳凤凭借第二投66.52米的成绩技压群芳，为中国队获得本届比赛的首枚金牌。

这是中国运动员第一次问鼎田径世锦赛铁饼冠军，也是中国队在世界田径锦标赛历史上的第十金，而李艳凤也成为中国年龄最大的世锦赛冠军。

李艳凤在比赛中，第一掷就有65.28米的成绩，一下就抢到第一位。由于塞尔维亚女神童佩尔科维奇没有参赛，握有2012年最好成绩的李艳凤无疑是头号夺冠热门，她第一掷的发挥，显然给了其他选手巨大压力，第二掷李又投出了66.52米，进一步拉开和其他选手的差距，头两掷李艳凤坐稳第一位置，德国选手穆勒以65.97米暂列第二，中国另一选手谭建发挥也不错，她以61.44米暂列第六。

第三掷决定可以投后三掷的前八名选手，这一掷气氛紧张，古巴名将巴里奥斯掷出 65.73 米，一下跃居第三，而上届世锦赛冠军、澳大利亚名将萨穆尔斯继续低迷，只有 59.14 米的成绩，结果被淘汰出后三掷行列。李艳凤掷出 65.50 米，赛程过半，李艳凤继续排在第一，谭建第六。

李艳凤在比赛中

第四掷各路选手成绩都有所下降，李艳凤的成绩也略微下降到 64.32 米，但还是排在第一位。第五掷穆勒和巴里奥斯全部犯规，李艳凤则继续投出有效成绩 64.34 米。

第六掷，由排名最低的选手先开始，第三位出场的谭建掷出 61.12 米，锁定第六排名，她可以为中国队拿到 3 分的积分。古巴选手巴里奥斯出场，她的成绩只有 63.90 米，现在李能否夺冠，就看穆勒的最后一掷！德国选手准备良久，终于将铁饼掷出，但她犯规了，李艳凤无须进行最后一掷，拿到了冠军。

PART 12 历史档案

历届世界田径锦标赛成绩

日期	届数	举办地点	比赛场地	运动员	项目
1983 年 8 月 7 日—8 月 14 日	第一届	芬兰·赫尔辛基	赫尔辛基奥林匹克体育场	1355 人	41
1987 年 8 月 28 日—9 月 6 日	第二届	意大利·罗马	奥林匹高球场	1451 人	43
1991 年 8 月 23 日—9 月 1 日	第三届	日本·东京	东京国立竞技场	1517 人	43
1993 年 8 月 13 日—8 月 22 日	第四届	德国·斯图加特	葛迪比达马球场	1689 人	44
1995 年·8 月 5 日—8 月 13 日	第五届	瑞典·哥登堡	新乌利维球场	1804 人	44
1997 年 8 月 1 日—8 月 10 日	第六届	希腊·雅典	雅典奥林匹克体育场	1882 人	44
1999 年 8 月 20 日—8 月 29 日	第七届	西班牙·塞维利亚	塞维利亚奥林匹克体育场	1821 人	46
2001 年 8 月 3 日—8 月 12 日	第八届	加拿大·埃德蒙顿	联邦体育场	1677 人	46
2003 年 8 月 23 日—8 月 31 日	第九届	法国·巴黎	法兰西球场	1679 人	46

续 表

日期	届数	举办地点	比赛场地	运动员	项目
2005 年 8 月 6 日—8 月 14 日	第十届	芬兰·赫尔辛基	赫尔辛基奥林匹克体育场	1800 人	47
2007 年 8 月 25 日—9 月 2 日	第十一届	日本·大阪	大阪市长居陆上竞技场	1981 人	47
2009 年 8 月 15 日—8 月 23 日	第十二届	德国·柏林	柏林奥林匹克体育场	2101 人	47
2011 年 8 月 27 日—9 月 4 日	第十三届	韩国·大邱	大邱体育场	1849 人	47
2013 年 8 月 10 日—8 月 18 日	第十四届	俄罗斯·莫斯科	卢日尼基体育场	2000 人	47

中国队历届世界田径锦标赛成绩

世锦赛	地 点	金牌	银牌	铜牌	总数	奖牌榜排名
1983 年第 1 届	芬兰赫·尔辛基	0	0	1	1	21
1987 年第 2 届	意大利·罗马	0	0	1	1	25
1991 年第 3 届	日本·东京	2	1	1	4	6
1993 年第 4 届	德国·斯图加特	4	2	2	8	2
1995 年第 5 届	瑞典·哥登堡	0	1	0	1	29
1997 年第 6 届	希腊·雅典	0	0	0	0	–
1999 年第 7 届	西班牙·塞维利亚	1	1	0	2	17
2001 年第 8 届	加拿大·埃德蒙顿	0	0	0	0	–
2003 年第 9 届	法国·巴黎	0	0	2	2	39
2005 年第 10 届	芬兰·赫尔辛基	0	1	0	1	26

续　表

世锦赛	地　点	金牌	银牌	铜牌	总数	奖牌榜排名
2007 年第 11 届	日本·大阪	1	1	1	3	11
2009 年第 12 届	德国·柏林	1	1	2	4	13
2011 年第 13 届	韩国·大邱	1	2	1	4	7
2013 年第 14 届	俄罗斯·莫斯科	0	1	3	4	22

世界掷铁饼比赛各级成绩

世界男子掷铁饼各级成绩进展表

分级（米）	成绩（米）	时间（年）	姓　名	国籍
40	41.50	1900	J. 坎帕农	芬兰
45	47.58	1912	J. 邓肯	美国
50	51.03	1930	E. 克伦兹	美国
55	55.33	1948	A. 康索里尼	意大利
60	60.22	1961	J. 西尔维斯特	美国
65	65.22	1965	L. 丹尼克	捷克
70	70.24	1976	M. 威尔金斯	美国
现纪录	74.08	1986	J. 舒尔特	原东德

世界女子掷铁饼各级进展表

分级（米）	成绩（米）	时间（年）	姓　名	国籍
40	40.35	1932	J. 瓦索娜	波兰
45	45.53	1935	G. 毛尔米尔	德国
50	50.50	1946	N. 杜姆巴杰	苏联

续 表

分级（米）	成绩（米）	时间（年）	姓 名	国籍
55	57.04	1952	N. 杜姆巴杰	苏联
60	61.26	1967	L. 韦斯特曼	原西德
65	67.32	1972	A. 麦尼斯	罗马尼亚
70	70.20	1975	F. 麦尔尼克	苏联
现记录	76.80	1988	G. 莱因施	原东德

原苏联运动员打破的女子铅球、铁饼世界纪录列表

女子铅球：

纪录（米）	破纪录者	时间地点	原纪录
14.59	塔季扬娜·萨夫留科娃	1948－8－4，苏联·莫斯科	14.38
14.86	克拉夫季娅·托乔诺娃	1949－10－30，苏联·第比利斯	14.59
15.02	安娜·安德烈耶娃	1950－11－9，罗马尼亚·普洛耶什蒂	14.86
15.28	加琳娜·济宾娜	1952－7－26，芬兰·赫尔辛基	15.02
15.37	加琳娜·济宾娜	1952－9－20，苏联·伏龙芝	15.28
15.42	加琳娜·济宾娜	1952－10－1，苏联·伏龙芝	15.37
16.20	加琳娜·济宾娜	1953－10－9，瑞典·马尔默	15.42
16.28	加琳娜·济宾娜	1954－9－14，苏联·基辅	16.20
16.28*	加琳娜·济宾娜	1955－9－5，苏联·列宁格勒	16.20
16.67	加琳娜·济宾娜	1955－11－15，苏联·第比利斯	16.28
16.76	加琳娜·济宾娜	1956－10－13，苏联·塔什干	16.67
17.25	塔玛拉·普列斯	1959－4－26，苏联·纳尔奇克	16.76
17.42	塔玛拉·普列斯	1960－7－16，苏联·莫斯科	17.25

续 表

纪录（米）	破纪录者	时间地点	原纪录
17.78	塔玛拉·普列斯	1960－8－13，苏联·莫斯科	17.42
18.55	塔玛拉·普列斯	1962－6－10，东德·莱比锡	17.78
18.55**	塔玛拉·普列斯	1962－9－12，南斯拉夫·贝尔格莱德	17.78
18.59	塔玛拉·普列斯	1965－9－19，西德·卡塞尔	18.55
18.67	娜杰日达·契若娃	1968－4－28，苏联·索契	18.59
19.72	娜杰日达·契若娃	1969－5－30，苏联·莫斯科	19.61
20.09	娜杰日达·契若娃	1969－7－13，波兰·霍茹夫	19.72
20.10***	娜杰日达·契若娃	1969－9－16，希腊·雅典	20.09
20.43	娜杰日达·契若娃	1969－9－16，希腊·雅典	20.10
20.43****	娜杰日达·契若娃	1971－8－29，苏联·莫斯科	20.10
20.63	娜杰日达·契若娃	1972－5－19，苏联·索契	20.43
21.03	娜杰日达·契若娃	1972－9－7，西德·慕尼黑	20.63
21.20	娜杰日达·契若娃	1973－8－28，苏联·利沃夫	21.03
22.53	娜塔莉娅·利索夫斯卡娅	1984－5－27，苏联·索契	22.45
22.60	娜塔莉娅·利索夫斯卡娅	1987－6－7，苏联·莫斯科	22.53
22.63*****	娜塔莉娅·利索夫斯卡娅	1987－6－7，苏联·莫斯科	22.60

*平世界纪录

**平世界纪录

***平世界纪录

****平世界纪录

*****现时世界纪录

女子铁饼：

纪录（米）	破纪录者	时间地点	原纪录
53.25	尼娜·敦巴泽	1948－8－8，苏联·莫斯科	48.31
53.53	尼娜·敦巴泽	1951－5－27，苏联·哥里	53.25
53.61	尼娜·罗马什科娃	1952－8－9，苏联·敖德萨	53.53

续　表

纪录（米）	破纪录者	时间地点	原纪录
57.04	尼娜·敦巴泽	1952－10－18，苏联·第比利斯	53.61
57.15	塔玛拉·普列斯	1960－9－12，意大利·罗马	57.04
57.43	塔玛拉·普列斯	1961－7－15，苏联·莫斯科	57.15
58.06	塔玛拉·普列斯	1961－9－1，保加利亚·索非亚	57.43
58.98	塔玛拉·普列斯	1961－9－20，英国·伦敦	58.06
59.29	塔玛拉·普列斯	1963－5－19，苏联·莫斯科	58.98
59.70	塔玛拉·普列斯	1965－8－11，苏联·莫斯科	59.29
64.22	法伊娜·梅利尼克	1971－8－12，芬兰·赫尔辛基	63.96
64.88	法伊娜·梅利尼克	1971－9－14，西德·慕尼黑	64.22
65.42	法伊娜·梅利尼克	1972－5－31，苏联·莫斯科	64.88
65.48	法伊娜·梅利尼克	1972－6－24，西德·奥格斯堡	65.42
66.76	法伊娜·梅利尼克	1972－8－4，苏联·莫斯科	65.48
67.44	法伊娜·梅利尼克	1973－5－25，苏联·里加	67.32
67.58	法伊娜·梅利尼克	1973－7－11，苏联·莫斯科	67.44
69.48	法伊娜·梅利尼克	1973－9－7，英国·爱丁堡	67.58
69.90	法伊娜·梅利尼克	1974－5－27，捷克斯洛伐克·布拉格	69.48
70.20	法伊娜·梅利尼克	1975－8－20，瑞士·苏黎世	69.90
70.50	法伊娜·梅利尼克	1976－4－24，苏联·索契	70.20
73.26	加琳娜·萨温科娃	1983－5－23，苏联·列谢利泽	71.80

女子铁饼世界纪录进展表

成绩	创造者	国家（地区）	创造时间	地点
48.31 米	吉泽拉·毛厄尔迈尔 （1913.11.24—）	德国	1936.07.11	德累斯顿
53.25 米	尼娜·杜姆巴泽 （1919.05.23—1983.04.14）	苏联	1948.08.08	莫斯科
53.37 米	尼娜·杜姆巴泽 （1919.05.23—1983.04.14）	苏联	1951.05.27	哥里
53.61 米	尼娜·杜姆巴泽 （1919.05.23—1983.04.14）	苏联	1952.08.09	敖德萨
57.04 米	尼娜·杜姆巴泽 （1919.05.23—1983.04.14）	苏联	1952.10.18	第比利斯
57.15 米	塔玛拉·普雷斯 （1937.05.10—）	苏联	1960.09.12	罗马
57.43 米	塔玛拉·普雷斯 （1937.05.10—）	苏联	1961.07.15	莫斯科
58.06 米	塔玛拉·普雷斯 （1937.05.10—）	苏联	1961.09.01	索非亚
58.98 米	塔玛拉·普雷斯 （1937.05.10—）	苏联	1961.09.20	伦敦
59.29 米	塔玛拉·普雷斯 （1937.05.10—）	苏联	1963.05.18	莫斯科
59.70 米	塔玛拉·普雷斯 （1937.05.10—）	苏联	1965.08.11	莫斯科

续 表

成绩	创造者	国家（地区）	创造时间	地点
61.26 米	利泽尔·韦斯特曼（1944.11.02—）	联邦德国	1967.11.05	圣保罗
61.64 米	克·施皮贝格	民主德国	1968.05.26	勒吉斯·布赖丁根
62.54 米	利泽尔·韦斯特曼（1944.11.02—）	联邦德国	1968.07.24	韦尔多尔
62.70 米	利泽尔·韦斯特曼（1944.11.02—）	联邦德国	1969.06.18	柏林
63.96 米	利泽尔·韦斯特曼（1944.11.02—）	联邦德国	1969.09.27	汉堡
64.22 米	法因娜·麦尔尼克（1945.06.09—）	苏联	1971.08.12	赫尔辛基
64.88 米	法因娜·麦尔尼克（1945.06.09—）	苏联	1971.09.04	慕尼黑
65.42 米	法因娜·麦尔尼克（1945.06.09—）	苏联	1972.05.31	莫斯科
65.48 米	法因娜·麦尔尼克（1945.06.09—）	苏联	1972.06.24	奥格斯堡
66.76 米	法因娜·麦尔尼克（1945.06.09—）	苏联	1972.08.04	卢日尼基
67.32 米	阿·麦尼斯	罗马尼亚	1972.09.23	康斯坦察
67.44 米	法因娜·麦尔尼克（1945.06.09—）	苏联	1973.05.25	里加
67.58 米	法因娜·麦尔尼克（1945.06.09—）	苏联	1973.07.10	莫斯科

续 表

成绩	创造者	国家（地区）	创造时间	地点
69.48 米	法因娜·麦尔尼克（1945.06.09—）	苏联	1973.09.07	爱丁堡
69.90 米	法因娜·麦尔尼克（1945.06.09--）	苏联	1974.05.27	布拉格
70.20 米	法因娜·麦尔尼克（1945.06.09—）	苏联	1975.08.20	苏黎世
70.50 米	法因娜·麦尔尼克（1945.06.09—）	苏联	1976.04.24	索契
70.72 米	埃维琳·雅尔·施拉克（1956.03.28—）	民主德国	1978.08.12	德累斯顿
71.50 米	埃维琳·雅尔·施拉克（1956.03.28—）	民主德国	1980.05.10	波茨坦
71.80 米	玛·维尔戈娃（佩特科娃）	保加利亚	1980.07.13	索非亚
73.26 米	加琳娜·萨温科娃	苏联	1983.05.22	列谢利泽
73.36 米	伊琳娜·梅津斯基（1962—）	民主德国	1984.08.17	布拉格
74.56 米	兹登卡·西尔哈娃（1954.06.17—）	捷克斯洛伐克	1984.08.26	尼特拉
76.80 米	加·赖因施	民主德国	1988.07.09	新勃兰登堡

2012年伦敦奥运会田径比赛总成绩公报和奖牌统计

成绩公报

男子100米

第一名：博尔特（牙买加）

第二名：布雷克（牙买加）

第三名：加特林（美国）

男子200米

第一名：博尔特（牙买加）

第二名：布雷克（牙买加）

第三名：威尔（牙买加）

男子400米

第一名：詹姆斯（格林纳达）

第二名：桑托斯（多米尼加）

第三名：戈登（特立尼达和多巴哥）

男子800米

第一名：鲁迪沙（肯尼亚）

第二名：阿莫斯（博茨瓦纳）

第三名：基图姆（肯尼亚）

男子 1500 米

第一名：马克洛菲（阿尔及利亚）

第二名：曼扎诺（美国）

第三名：阿卜达拉蒂（摩洛哥）

男子 5000 米

第一名：法拉赫（英国）

第二名：德扬（埃塞俄比亚）

第三名：隆戈斯瓦（肯尼亚）

男子 10000 米

第一名：法拉赫（英国）

第二名：鲁普（美国）

第三名：贝克勒（埃塞俄比亚）

男子马拉松

第一名：斯·基普罗蒂奇（乌干达）

第二名：基瑞（肯尼亚）

第三名：维·基普罗蒂奇（肯尼亚）

男子 3000 米障碍赛

第一名：伊齐基尔（肯尼亚）

第二名：博纳巴德（法国）

第三名：穆塔埃（肯尼亚）

男子 110 米栏

第一名：梅里特（美国）

第二名：理查德森（美国）

第三名：帕奇蒙特（牙买加）

男子 400 米栏

第一名：桑切斯（多米尼加）

第二名：汀斯利（美国）

第三名：库尔森（波多黎各）

男子跳高

第一名：乌科夫（俄罗斯）

第二名：基纳德（美国）

第三名：巴希姆（卡塔尔）、德鲁因（加拿大）、格拉巴斯（英国）

男子撑杆跳

第一名：拉维勒尼（法国）

第二名：奥托（德国）

第三名：霍兹德普（德国）

男子跳远

第一名：卢瑟福德（英国）

第二名：瓦特（澳大利亚）

第三名：克拉耶（美国）

男子三级跳

第一名：泰勒（美国）

第二名：克拉耶（美国）

第三名：多纳托（意大利）

男子铅球

第一名：马耶夫斯基（波兰）

第二名：斯托尔（德国）

第三名：霍法（美国）

男子铁饼

第一名：哈丁（德国）

第二名：哈达迪（伊朗）

第三名：坎特（爱沙尼亚）

男子链球

第一名：帕斯（匈牙利）

第二名：科兹慕斯（斯洛文尼亚）

第三名：室伏广治（日本）

男子标枪

第一名：沃尔科特（特立尼达和多巴哥）

第二名：奥力克桑德罗（乌克兰）

第三名：鲁斯坎宁（芬兰）

男子十项全能

第一名：伊顿（美国）

第二名：哈迪（美国）

第三名：苏亚雷斯（古巴）

男子 20 公里竞走

第一名：陈定（中国）

第二名：巴尔朗多（危地马拉）

第三名：王镇（中国）

男子 50 公里竞走

第一名：科德亚波金（俄罗斯）

第二名：塔兰特（澳大利亚）

第三名：司天峰（中国）

男子 4×100 米接力

第一名：牙买加

第二名：美国

第三名：特立尼达和多巴哥

男子 4×400 米接力

第一名：巴哈马

第二名：美国

第三名：特立尼达和多巴哥

女子 100 米

第一名：弗雷泽（牙买加）

第二名：基特（美国）

第三名：坎贝尔（美国）

女子 200 米

第一名：菲利克斯（美国）

第二名：弗雷泽（牙买加）

第三名：基特（美国）

女子 400 米

第一名：理查兹·罗斯（美国）

第二名：克里斯汀（英国）

第三名：特洛特（美国）

女子 800 米

第一名：萨维诺瓦（俄罗斯）

第二名：塞蒙娅（南非）

第三名：珀斯托戈娃（俄罗斯）

女子 1500 米

第一名：阿尔普特金（土耳其）

第二名：布鲁特（土耳其）

第三名：尤索夫（巴林）

女子 5000 米

第一名：德法尔（埃塞俄比亚）

第二名：切鲁伊约特（肯尼亚）

第三名：迪巴巴（埃塞俄比亚）

女子 10000 米

第一名：迪巴巴（埃塞俄比亚）

第二名：基普耶戈（肯尼亚）

第三名：切鲁伊约特（肯尼亚）

女子马拉松

第一名：格拉纳（埃塞俄比亚）

第二名：杰普图（肯尼亚）

第三名：佩特洛娃·阿克希波娃（俄罗斯）

女子 3000 米障碍赛

第一名：扎利波娃（俄罗斯）

第二名：格里毕（突尼斯）

第三名：阿瑟发（埃塞俄比亚）

女子 100 米栏

第一名：皮尔森（澳大利亚）

第二名：哈珀（美国）

第三名：威尔斯（美国）

女子 400 米栏

第一名：安提柯（俄罗斯）

第二名：德缪斯（美国）

第三名：赫诺娃（捷克）

女子跳高

第一名：切洛娃（俄罗斯）

第二名：巴雷特（美国）

第三名：谢克里纳（俄罗斯）

女子撑杆跳

第一名：苏尔（美国）

第二名：席尔瓦（古巴）

第三名：伊辛巴耶娃（俄罗斯）

女子跳远

第一名：里斯（美国）

第二名：索克洛娃（俄罗斯）

第三名：德罗阿切（美国）

女子三级跳

第一名：基帕科瓦（哈萨克斯坦）

第二名：伊巴古恩（哥伦比亚）

第三名：萨拉杜阿（乌克兰）

女子铅球

第一名：奥斯塔丘克（白俄罗斯）

第二名：亚当斯（新西兰）

第三名：科勒德克（俄罗斯）

女子铁饼

第一名：佩尔科维齐（克罗地亚）

第二名：皮夏尔尼科娃（俄罗斯）

第三名：李艳凤（中国）

女子链球

第一名：李森科（俄罗斯）

第二名：安妮塔（波兰）

第三名：海德勒（德国）

女子标枪

第一名：斯波塔科娃（捷克）

第二名：克里斯蒂娜（德国）

第三名：斯特尔（德国）

女子七项全能

第一名：埃尼斯（英国）

第二名：施华科（德国）

第三名：切尔诺瓦（俄罗斯）

女子 20 公里竞走

第一名：拉什马诺娃（俄罗斯）

第二名：卡尼斯金娜（俄罗斯）

第三名：切阳什姐（中国）

女子 4×100 米接力

第一名：美国

第二名：牙买加

第三名：乌克兰

女子 4×400 米接力

第一名：美国

第二名：俄罗斯

第三名：牙买加

奖牌统计

国家和地区	金牌	银牌	铜牌	总计
美国	9	13	7	29
俄罗斯	8	4	6	18
牙买加	4	4	4	12
英国	4	1	1	6
埃塞俄比亚	3	1	3	7
肯尼亚	2	4	5	11
德国	1	4	3	8
澳大利亚	1	2	0	3
多米尼加	1	1	0	2
法国	1	1	0	2
波兰	1	1	0	2
土耳其	1	1	0	2
中国	1	0	4	5
特立尼达和多巴哥	1	0	3	4
捷克	1	0	1	2
阿尔及利亚	1	0	0	1
巴哈马	1	0	0	1
白俄罗斯	1	0	0	1
克罗地亚	1	0	0	1

续 表

国家和地区	金牌	银牌	铜牌	总计
格林纳达	1	0	0	1
匈牙利	1	0	0	1
哈萨克斯坦	1	0	0	1
乌干达	1	0	0	1
乌克兰	0	1	2	3
古巴	0	1	1	2
博茨瓦纳	0	1	0	1
哥伦比亚	0	1	0	1
危地马拉	0	1	0	1
伊朗	0	1	0	1
新西兰	0	1	0	1
南非	0	1	0	1
斯洛文尼亚	0	1	0	1
突尼斯	0	1	0	1
巴林	0	0	1	1
加拿大	0	0	1	1
爱沙尼亚	0	0	1	1
芬兰	0	0	1	1
意大利	0	0	1	1
日本	0	0	1	1
摩洛哥	0	0	1	1
波多黎各	0	0	1	1
卡塔尔	0	0	1	1
总计	47	47	49	143